第二次
改訂版

既存補強コンクリートブロック造

学校建物の
耐力度測定方法

既存鉄筋コンクリート造・鉄骨造・
木造・補強コンクリートブロック造
学校建物の耐力度測定方法編集委員会 ［編］

第一法規

目　　次

第 1 章　概　　要

1.1　基本方針と適用範囲

1.1.1　基　本　方　針

　補強コンクリートブロック造（以下、「CB造」という）学校建物の耐力度測定方法は、公立学校施設においての建物の構造耐力、経年による耐力・機能の低下、立地条件による影響の3点の項目を総合的に調査し、建物の老朽化を評価するものであり、調査の結果、所要の評点に達しないものについては、老朽化した公立学校施設を建て替える事業（以下、「危険改築事業」という）の際の補助対象となり、改築が必要かどうかを判断するための一つの方法となる。

　これらの測定方法をまとめた「耐力度調査票」により耐力度測定が行われた結果、構造上危険と判定された建物は国庫補助の対象とされている。この調査は当初、木造、鉄筋コンクリート造（以下、「RC造」という）あるいは鉄骨造（以下、「S造」という）建物について定められていたが、昭和60年の「義務教育諸学校等の施設費の国庫負担等に関する法律」等の改正により、CB造においても木造等の建物に準じた耐力度調査票を作成し、国庫補助事業の補助対象となった。

　今回の改定では、近年の地震被害等に基づく知見、および建築基準法・告示の改正に伴う見直しを含めて、「Ⓐ構造耐力」と「Ⓑ健全度（旧手法におけるⒷ保存度）」に関する測定項目の再整理と加除を行い、「補強コンクリートブロック造の建物の耐力度調査票」について、全面的な改定を行った。

1.1.2　適　用　範　囲

　本耐力度測定方法は、CB造の校舎及び寄宿舎に適用し、特殊な平面形態のものには適用しない。なお、屋内運動場の附属建物や部室などの小規模建物にも適用可能である。

　架構形式としては、CB造壁式構造で、屋根・床及び臥梁・基礎梁がRC造である建物を標準とし、屋根・床が木造あるいはS造のものも対象としている。

　平面的に他の構造が併用されている場合には、CB造部分についてのみ本測定方法を適用し、残りの部分についてはそれぞれの構造に応じた測定方法を用いることとしている。

　調査対象建物の建築年代については、概ね昭和30年に改定されたJIS規格（JIS A 5406）のコンクリートブロックを使用し、同年に日本建築学会から刊行された「特殊コンクリート造設計規準（第2版）」により設計された年代以降の建築物を対象としている。なお、これ以前のCB造建築物についても適用は可能であるが、昭和27年に発刊された「特殊コンクリート構造設計規準」では当時のJISのA種ブロックによって2階建ての1階が設計可能であるなど、昭和30年以降の設計規準とは異なる箇所があるので適用に当たっては注意が必要である。一方、昭和56年に施行されたいわゆる新耐震設計基準と呼ばれる現行の耐震基準に従っ

て建てられた建築物については、構造上の問題点がなければⒶ構造耐力の①保有耐力中の (a)
水平耐力に関わる評点は満点とするが、同 (b) コンクリートブロック強度については劣化が著
しいと予想される場合などには強度測定を行い、その結果を評価に反映することが望ましい。

　なお、本測定方法では、コンクリートブロックの種別の呼称を表 1.1 に示すように昭和 54
年の JIS 改定前後で区別することとしている。これは、昭和 54 年の JIS 改定前後でコンク
リートブロックの圧縮強さの規定が変更されたことによる。

　参考のため、日本建築学会の CB 造構造設計規準の発刊・改定の経緯の概要[1]を表 1.2 に、
コンクリートブロックの JIS 規格（JIS A 5406）のうち、CB 造建築物の耐力度測定項目に関
連の深い圧縮強さとかさ密度に関する規格変遷の概要[2]を表 1.3 に示す。

表 1.1　本測定方法によるコンクリートブロック種別の呼称の区別

昭和 54 年改定以前の JIS の圧縮強さによる区分	昭和 54 年改定以降の JIS の圧縮強さによる区分	本測定方法による呼称
A 種	―	旧 A 種
B 種	―	旧 B 種
C 種	―	旧 C 種
―	A 種（または 08）	A 種
―	B 種（または 12）	B 種
―	C 種（または 16）	C 種

表 1.2　CB 造構造設計規準の発刊・改定の経緯の概要[1]

年	設計規準	概　要
昭 27	特殊コンクリート構造設計規準・同解説、組積造設計規準・同解説	CB 造設計規準の初版 壁量規定に基づく耐震設計法
昭 30	特殊コンクリート造設計規準（第 2 版）	ブロック種別ごとの建物規模等の改定 壁量規定の根拠の明示
昭 39	特殊コンクリート造関係設計規準・同解説（第 3 版）	ブロック形状・寸法の改定に伴う配筋の改定、壁量規定等の改定なし
昭 54	特殊コンクリート造関係設計規準・同解説（第 4 版）	ブロック強度の 1 ランク引き上げ等に伴う CB 造の強度・剛性の増大を図る改定
昭 58	特殊コンクリート造関係設計規準・同解説（第 5 版）	新耐震設計基準に応じた規準の見直し 壁量規定等の改定なし
平 1	壁構造関係設計規準・同解説	最小壁厚、床の構造、配筋規定の一部改定 壁量規定の改定なし
平 9	壁式構造関係設計規準集・同解説（メーソンリー編）	平成 7 年兵庫県南部地震における CB 造の被害が極めて少なかったことによる壁量・配筋規定の一部緩和、JIS 改定への対応
平 18	壁式構造関係設計規準集・同解説（メーソンリー編）	規準の国際単位系への移行 壁量規定に地震地域係数を考慮

表 1.3　コンクリートブロックの種別による規格変遷の概要[2)]

項目		全断面に対する圧縮強さ (N/mm²)[※1]					気乾かさ密度（比重）				
年		昭 27	昭 30	昭 54	平 6	平 12	昭 27	昭 30	昭 54	平 6	平 22
本測定方法による呼称	旧 A	3.4 (35 kgf/cm²)	2.5 (25 kgf/cm²)				1.9 未満	1.8 未満			
	旧 B	4.9 (50 kgf/cm²)	3.9 (40 kgf/cm²)				1.9 未満	1.8 未満			
	旧 C	6.9 (70 kgf/cm²)	5.9 (60 kgf/cm²)				1.9 以上	1.8 以上			
	A			3.9 (40 kgf/cm²)	(8)	4			1.7 未満	1.7 未満	1.7 未満
	B			5.9 (60 kgf/cm²)	(12)	6			1.9 未満	1.9 未満	1.9 未満
	C			7.8 (80 kgf/cm²)	(16)	8			—	—	—

※1　昭和 27〜54 年の圧縮強さは、重力単位系 (kgf/cm²) で定められている（　）内の規格値を国際単位系に換算した値で示す。また、平成 6 年の規格では、圧縮強さが正味断面積に対する値で定められているので、参考として（　）を付けて示してある。全断面に対する圧縮強さは正味断面積に対する値の概ね 1/2 と考えられる。

1.2　耐力度測定項目の考え方

1.2.1　測定項目の組立て方

耐力度測定方法は、

- Ⓐ　構造耐力　　　　　（100 点満点）
- Ⓑ　健全度　　　　　　（100 点満点）
- Ⓒ　立地条件　　　　　（係数 0.82〜1.0）

の 3 つの大項目で構成され、それらの評点の積で耐力度を算出し、10,000 点満点で評価する。

　3 つの大項目の下にどのような中小項目を含めるか、また、それらをどのように組み合せるかについては、CB 造の特徴を反映したものになっている。以下に今回の改定の概要を、1.2.2 〜1.2.4 項に各測定項目の組立て方の概要を示す。

Ⓐ　構造耐力

　旧手法では「Ⓐ構造耐力」で評価されていた「コンクリート強度」と「ブロック種別」の測定項目を「Ⓑ健全度」に移して評価することとし、構造耐力は「保有耐力」と「基礎構造」の 2 項目で評価することとした。

　保有耐力は、これまでの設計規準の変遷と過去の地震被害の状況を考慮し、基本的に壁量に基づいて算定することとした。なお、旧手法と同様にコンクリートブロック強度、偏心率、臥梁・スラブの構造に関する修正係数を加味する。

　また、基礎構造については過去の地震被害事例を参考にその影響を反映させることとし、基礎の種類と被害予想に関する項目で評価することとした。

Ⓑ　健全度

　今回の改定では、旧手法では「保存度」として設定していた項目を「健全度」として、構造躯体の健全性、経年劣化を評価する項目について再整理した。

Ⓒ　立地条件

　旧手法では「Ⓒ外力条件」として設定されていたが、今回の改定に当たっては③敷地条件の項目追加を行うとともに、いずれも建物が置かれている自然環境に対する評価項目であることから、名称を「立地条件」とした。

　近年の地震被害では、地形効果や局所的な地盤条件による入力地震動等の影響により被害が生じた事例も見られるため、その影響を考慮するために新たに「敷地条件」を追加した。

1.2.2　構　造　耐　力

対象建物がどの程度の耐震性能を有しているかを評価するものであり、次の項目と配点とされている。

① 保有耐力　　　　　　　　　　　　　　　　　　　　　　　　　　（70 点満点）

  (a)　水平耐力　q

  (b)　コンクリートブロック強度　α

  (c)　偏心率　R_e

  (d)　臥梁・スラブの構造　m

② 基礎構造　β　　　　　　　　　　　　　　　　　　　　　　（30 点満点）

1.2.3　健　全　度

耐力度測定をする建物が新築以降に老朽化した度合を評価するものであり、健全度は次のような項目と配点とされている。

① 経年変化　T　　　　　　　　　　　　　　　　　　　　　　　（25 点満点）

② コンクリート中性化深さ及び鉄筋かぶり厚さ

  (a)　コンクリート中性化深さ　a　　　　　　　　　　　　　　（5 点満点）

  (b)　鉄筋かぶり厚さ　b　　　　　　　　　　　　　　　　　（10 点満点）

③ 充てんコンクリート中性化深さ及び鉄筋かぶり厚さ

  (a)　充てんコンクリート中性化深さ　a'　　　　　　　　　　（5 点満点）

  (b)　鉄筋かぶり厚さ　b'　　　　　　　　　　　　　　　　（10 点満点）

④ 鉄筋腐食度　F　　　　　　　　　　　　　　　　　　　　　（10 点満点）

⑤ ひび割れ　C　　　　　　　　　　　　　　　　　　　　　　（10 点満点）

⑥ 不同沈下量　ϕ　　　　　　　　　　　　　　　　　　　　（10 点満点）

⑦ たわみ量　θ　　　　　　　　　　　　　　　　　　　　（5 点満点）

⑧ 構造使用材料　M　　　　　　　　　　　　　　　　　　　（10 点満点）

⑨ 火災による疲弊度　S　　　　　　　　　　　　　　　（係数 0.5〜1.0）

建物は自然現象や継続的使用により劣化し、偶発的な地震や暴風、火災や爆発などによっても損傷を受ける。このように建物の経年的な劣化は、人為的、自然的、偶発的な要因が複雑に組み合わさって進行する。これらの劣化は、建物の構造部分、非構造部分、設備部分において生じる。

この調査は老朽化した公立学校施設を建て替える事業の施策を判断するための一つの方法としており、鉄筋腐食が進行したもの、躯体の状態が健全でない CB 造校舎、すなわち一般に改修により躯体の健全度を回復させることが難しいものを想定している。このため、鉄筋の腐食や躯体のひび割れといった経年劣化の測定項目に加えて、充てんコンクリートが密実でなく

鉄筋が被覆されていない場合、鉄筋が挿入されていなければならない目地空洞部に鉄筋が認められない場合など、CB 造の躯体として健全でない箇所が見受けられた場合は、充てんコンクリート中性化深さ及び鉄筋かぶり厚さの測定項目においても点数が低く算定され、改築とする施策へ誘導できるよう必然的に耐力度点数が低く算定される仕組みとしている。

1.2.4　立 地 条 件

建物の立地条件に応じて、将来の構造耐力及び健全度に影響を及ぼすと考えられる次の項目を測定するものである。

   ① 地震地域係数   （係数 0.8〜1.0）
   ② 地盤種別   （係数 0.8〜1.0）
   ③ 敷地条件   （係数 0.9〜1.0）
   ④ 積雪寒冷地域   （係数 0.8〜1.0）
   ⑤ 海岸からの距離   （係数 0.8〜1.0）

1.2.5　耐力度測定の実施

以上述べてきた各項目の測定は、建物の棟単位で行う。エキスパンションジョイントがある場合には別棟とみなす。

第 2 章　　耐力度調査票

補強コンクリートブロック造の建物の耐力度調査票

別表第4（表面）

Ⅰ・Ⅱ（調査・建物）

Ⅴ 整理番号		Ⅳ 学校種別	Ⅲ 結果	点数
	Ⅰ	調査学校	都道府県名	設置者名	学校名	学校調査番号	調査期間	調査者	平成　年　月　日～平成　年　月　日	職名　会社名　氏名　一級建築士登録番号　㊞
								予備調査者	氏名　一級建築士登録番号　㊞

Ⅲ 結果		
Ⓐ 構造耐力	Ⓐ×Ⓑ×Ⓒ	点
Ⓑ 健全度		点
Ⓒ 立地条件		点
耐力度		点

Ⅱ 調査建物	建物区分	棟番号	階数	面積	建物の経過年数
			＋	一階面積　㎡ 延べ面積　㎡	建築年月 経過年数　年 被災歴　種類　被災年 補修歴　補修内容　補修年 年長寿命　年月 経過化年月 経過年数　年

Ⓐ 構造耐力度

①(a)	階	方向	耐力壁厚さ t(mm)	耐力壁長さ Σ(mm)	床面積 A(㎡)	壁量 L(mm/㎡)	標準壁量 L_N(mm/㎡)	方向別水平耐力 q_x	q_xまたはq_yの最小値	判別式
水平耐力 q		桁行 X						q_x	q =	$1/200 \leqq \theta$ 判別式 $1.0 \leqq q$ 1.0

⑧ ブロック種別	旧A種 0.3	旧B種 0.5	旧C種 0.8	A種 0.5	B種 0.8	C種 1.0		判別式	当該値の最小値
コンクリート圧縮強度	試験方法	臥梁 1	臥梁 2	基礎梁 1	基礎梁 2	平均強度 Fc		18≦Fc 1.0 13.5<Fc<18 直線補間 Fc≦13.5 0.0	

⑨ 火災疲弊度 S	構造体質	変質 S₁	程度	非構造材 全焼 S₂	非構造材 半焼 S₃	煙害程度 S₄			判別式 S=0 1.0 0<S<1 直線補間 S=1 0.5
	被災床面積 Sₜ	被災床面積 S₁	評価後被災面積 Sₜ		$S_t = S_1 + S_2 \times 0.75 + S_3 \times 0.5 + S_4 \times 0.25 =$	当該階の床面積 S₀	被災率 S S=Sₜ/S₀		

評点	㋐	㋑ (㋐×70)
評		(min(㋐,㋑)×10) 点

Ⓒ 立地条件

① 地震地域係数	② 地盤種別	③ 敷地条件	④ 積雪寒冷地域	⑤ 海岸からの距離	評価
四種地域 1.0	一種地盤 1.0	平坦地 1.0	その他地域 1.0	海岸から8kmを超える 1.0	Ⓒ=(①+②+③+④+⑤)/5
三種地域 0.9	二種地盤 0.9	崖地 0.9	二級積雪寒冷地域 0.9	海岸から8km以内 0.9	= (＋＋＋＋)/5 =
二種地域 0.85	三種地盤 0.8	支持地盤が著しく傾斜した敷地 0.9	一級積雪寒冷地域 0.9	海岸から5km以内 0.8	
一種地域 0.8		局所的な高台 0.8			

評点合計		評点	点

（裏面）

1. 調査建物の各階の平面図，断面図を単線で図示し，耐力壁は，他と区別できるような太線とする。

2. 寸法線と寸法（単位メートル）を記入する。

3. 平面図に，ブロック強度，コンクリート圧縮強度，コンクリート及び充てんコンクリートの中性化深さ，鉄筋かぶり厚さ，鉄筋腐食度の測定位置を記入する。

4. 余白に縮尺，建築年，延べ面積を記入する。

学　校　名	調　査　者　の　意　見

別表第4
（表面）

補強コンクリート造ブロック造の建物の耐力度調査票

I 調査学校							IV 学校種別	V 整理番号
都道府県名	設置者名	学校名	学校調査番号	調査期間 平成 年 月 日～平成 年 月 日	調査者 職名 氏名 一級建築士登録番号		III 結果	
				予備調査者 会社名 氏名 一級建築士登録番号			Ⓐ 構造耐力 点	点数 耐力度
							Ⓑ 健全度 点	Ⓐ×Ⓑ×Ⓒ
II 調査建物	建物区分	棟番号	階数 ＋	面積 一階面積 m² 延べ面積 m²	建築 建築 年月	被災 被災 年月 種類 年	Ⓒ 立地条件 点	点
				建物の経過年数 経過 年数	経過 年数	修歴 補修 内容 補修 年		

Ⓐ 構造耐力

					評点	評点合計
保有耐力	(a) 水平耐力 q	階 方向 桁行 X 張間 Y	方向別水平耐力 qx qY	q_X または q_V の最小値 q=	判別式 $1.0≦q$ 1.0 / $0.5≦q<1.0$ 直線補間 / $q≦0.5$ 0.5	Ⓐ＝㋐×㋑
	(b) コンクリート ブロック強度 α	耐力壁厚さ t(mm) 耐力壁壁長さ Σℓ(mm) 標準壁量 L_N(mm/m²) 壁量 L(mm/m²) 床面積 A(m²)		$\alpha = f_B / f_N$	判別式 $1.0≦\alpha$ 1.0 / $0.5≦\alpha<1.0$ 直線補間 / $\alpha≦0.5$ 0.5	
		種別 県標準圧縮強度 f_N(N/mm²) 旧A種 4.0 旧B種 6.0 旧C種 8.0	種別 圧縮強度 f_B(N/mm²) 旧A種 2.5 旧B種 3.9 旧C種 5.9			
耐力	(c) 偏心率 Re	弾力半径 γ_e 偏心距離 e 方向 桁行 X 張間 Y	Re=e/γ_e Reの最大値		判別式 $Re≦0.15$ 1.0 / $0.15<Re<0.3$ 直線補間 / $0.3≦Re$ 0.7	
	(d) 臥梁・スラブ の構造 β	臥梁寸法 m_1 規定を満足 1.0 規定を満足しない 0.9 スラブ(屋根) m_2 規定を満足 1.0 規定を満足しない 0.9		m=m_1×m_2 基礎構造 β β=u×p	評価 m=1.0 1 / m=0.9 0.9 / m=0.81 0.81 判別式 $0.64≦\beta<1.0$ 直線補間 / $\beta≦0.64$ 0.64	
	② 基礎構造 β	種別 措置u 木杭 0.8 RC杭 0.9 その他 1.0	液状化が予想される地域である 0.8 基礎梁せいの規定に関する指標p 基礎梁せいの規定に関する規定を満足しない 0.9 上記に該当しない場合 1.0		$1.0≦\beta$ 1.0 / $0.64≦\beta<1.0$ 直線補間	㋕ (㋕×30) 点
						評点 ㋕(㋕×30) 点

Ⓑ 健全度

				評価	評点	評点合計
① 経年変化 T	経過年数 t 年	判別式(建築時からの経過年数) T=(40-t)/40 = 年	経過年数 t_2 年	判別式(長寿命化改良後の経過年数) $T=(30-t_2)/40$ = 年		㋐ (㋐×25) 点
② コンクリート 中性化深さ及び 鉄筋かぶり厚さ	(a) コンクリート 中性化深さ a	部位 臥梁 1 臥梁 2 基礎梁 1 基礎梁 2 部位 中性化深さ a 平均値 a		判別式	$a≦1.5cm$ 1.0 / $1.5cm<a<3cm$ 0.5 / $3cm≦a$ 0.5	㋑ (㋑×5) 点
	(b) 鉄筋かぶり 厚さ b	部位 臥梁 1 臥梁 2 基礎梁 1 基礎梁 2 部位 かぶり厚さ 平均値 b		判別式	$3cm≦b$ 1.0 / $1.5cm<b<3cm$ 0.5 / $b≦1.5cm$ 0.5	㋒ (㋒×10) 点
③ 充てんコンクリート 中性化深さ及び 鉄筋かぶり厚さ	(a') 充てんコンクリート 中性化深さ a'	部位 縦目地 1 縦目地 2 横目地 1 横目地 2 状況 ランク 部位 中性化深さ a' 平均値 a'		評価 1 1-2 2-3 3-4 4-5 6合む 1.0 0.9 0.8 0.7 0.5 0.3		㋓ (㋓×5) 点
	(b') 鉄筋かぶり 厚さ b'	部位 縦目地 1 縦目地 2 横目地 1 横目地 2 状況 ランク 部位 かぶり厚さ 平均値 b'		評価 1 1-2 2-3 3-4 4-5 6合む 1.0 0.9 0.8 0.7 0.5 0.3		㋔ (㋔×10) 点
④ 鉄筋腐食度 F		部位 状況 ランク 縦筋 横筋 部位 状況 ランク	平均値 F	評価 1 1-2 2-3 3-4 4-5 6合む 1.0 0.9 0.8 0.7 0.5 0.3		㋕ (㋕×5) 点
⑤ ひび割れ C		部位 状況 ランク ブロック壁 1 ブロック壁 2 ブロック種別 1	c_Xまたはc_Vの最大値 c=	判別式	1 1-2 2-3 3-4 4-5 1.0 0.9 0.8 0.7	㋖ (㋖×10) 点
⑥ 不同沈下量 φ	相対沈下量 ε 部位 桁行方向 X 張間方向 Y 階 c='	臥梁・基礎梁 c'=	φ=ε/ℓ φの最大値	判別式 $\phi≦1/500$ 1.0 / $1/500<\phi<1/200$ 直線補間 / $1/200≦\phi$ 0.5		㋗ (㋗×10) 点
⑦ たわみ量 θ	たわみ量 δ 部位 桁行方向 X 張間方向 Y 床 梁 スパン 1 長さ 1 梁 床	θ=δ/1 θの最大値		判別式 $\theta≦1/300$ 1.0 / $1/300<\theta<1/200$ 直線補間 / $1/200≦\theta$ 0.5		㋘ (㋘×10) 点
⑧ 構造使用材料 M	ブロック種別 旧A種 0.3 旧B種 0.5 旧C種 0.8 コンクリート 圧縮強度 構造体 変質 A種 1.0 B種 0.8 C種 0.5 試験方法 非構造材 全焼 半焼	基礎梁 1 基礎梁 2 平均強度 Fc	当該階の 最小値	判別式 $18≦Fc$ 1.0 / $13.5<Fc<18$ 直線補間 / $Fc≦13.5$ 0.0		㋙ (㋙×10) 点
⑨ 火災による 損傷程度 S		程度 被災床面積 被災後残災 面積 S_1 被災床面積 S_2 S_3 S_4 $S_1=S_1+S_2×0.75+S_3×0.5+S_4×0.25$ =	被災率 S $S=S/S_0$	判別式 $S=0$ 1.0 / $0<S<1$ 直線補間 / $S=1$ 0.5		㋚ (㋚×10) (min(㋙,㋚)×10) 点

Ⓑ＝㋐＋㋑＋㋒＋㋓+㋔＋㋕＋㋖＋㋗+㋘＋㋙＋㋚ ⊗

Ⓒ 立地条件

	① 地震地域係数	② 地盤	③ 平坦 種別	④ 積雪寒冷地	⑤ 海岸からの距離	評価 評点
立地条件	四種地域 1.0 三種地域 0.9 二種地域 0.85 一種地域 0.8	一種地盤 1.0 二種地盤 0.9 三種地盤 0.8	平 地 1.0 崖 0.9 局所的な高台 0.8	その他の地域 1.0 二級積雪寒冷地域 0.9 一級積雪寒冷地域 0.8	海岸から8kmを超える地 1.0 海岸から8km以内 0.9 海岸から5km以内 0.8	Ⓒ＝ (①+②+③+④+⑤)/5 ＝

1. 調査建物の各階の平面図、断面図を朱線で図示し、耐力壁は、他と区別できるような太線とする。

2. 寸法線と寸法（単位メートル）を記入する。

3. 平面図に、ブロック強度、コンクリート圧縮強度、コンクリート及び充てんコンクリートの中性化深さ、鉄筋かぶり厚さ、鉄筋腐食度の測定位置を記入する。

4. 余白に縮尺、建築年、延べ面積を記入する。

学 校 名	調 査 者 の 意 見

方位

学校名

調査者の意見

第 3 章　　耐力度調査票付属説明書

3.1　一　般　事　項

(1)　調査対象学校　　公立の小学校、中学校、義務教育学校、高等学校、中等教育学校、特別支援学校及び幼稚園とする。

(2)　調査対象建物　　当該学校の CB 造の校舎及び寄宿舎とする（特殊な平面形態のものを除く）。

(3)　調　査　単　位　　校舎及び寄宿舎の別に、棟単位（エキスパンションジョイントがある場合は別棟とみなす）、建築年単位（建築年が異なるごとに別葉）で測定する。

(4)　調　　査　　票　　公立学校施設費国庫負担金等に関する関係法令等の運用細目（以下、「運用細目」という）の別表第 4 の様式とする。

(5)　そ　　の　　他　　架構に CB 造と RC 造または S 造を併用している場合は、それぞれの部分についての調査票を作成する。

3.2 測 定 方 法

調査単位ごとに耐力度調査票（以下、「調査票」という）を用い、次の説明によって測定するものとする。

3.2.1 調査票のⅠ〜Ⅲの記入方法

<table>
<tr><td rowspan="6">Ⅰ
調
査
学
校</td><td>都 道 府 県 名</td><td>都道府県名を記入する。</td></tr>
<tr><td>設 置 者 名</td><td>当該学校の設置者名を記入する。</td></tr>
<tr><td>学 校 名</td><td>学校名は○○小、○○中のように記入する。</td></tr>
<tr><td>学校調査番号</td><td>当該学校の施設台帳に登載されている調査番号を記入する。</td></tr>
<tr><td>調 査 期 間</td><td>耐力度測定に要した期間を記入する。</td></tr>
<tr><td>調 査 者
予備調査者</td><td>調査者の職名、建築士登録番号（一級建築士に限る）及び氏名を記入し、捺印する。
予備調査者は欄外へ会社名、建築士登録番号（一級建築士に限る）及び氏名を記入し、捺印する。</td></tr>
<tr><td rowspan="10">Ⅱ
調
査
建
物</td><td>建 物 区 分</td><td>調査単位の建物区分（校舎、屋内運動場及び寄宿舎の別）を記入する。</td></tr>
<tr><td>棟 番 号</td><td>調査単位の施設台帳に登載されている棟番号（枝番号がある場合は枝番号まで）を記入する。</td></tr>
<tr><td>階 数</td><td>調査単位の階数を（地上階数＋地下階数）のように記入する。</td></tr>
<tr><td>面 積</td><td>調査単位の1階部分の床面積及び延べ面積を記入する。</td></tr>
<tr><td>建 築 年 月
長寿命化年月</td><td>調査単位の建築年（和暦）及び月を記入する。（例）〔S45年3月〕
調査単位の長寿命化改良事業の工事が完了した年（和暦）及び月を記入する。</td></tr>
<tr><td>経 過 年 数</td><td>耐力度測定時における新築からの経過年数を記入する。学校施設環境改善交付金交付要綱別表1第2項に記載する長寿命化改良事業を行った建物については、長寿命化改良事業の工事が完了した時点からの経過年数を括弧書きで併記する。いずれも1年に満たない端数がある場合は切り上げるものとする。</td></tr>
<tr><td>被 災 歴</td><td>調査建物が災害を受けていた場合はその種類と被災年を簡明に記入する。地震で被災し、被災度区分判定が行われている場合には被災度も記入する。
（例）〔震災・小破／H23年〕</td></tr>
<tr><td>補 修 歴</td><td>当該建物に構造上の補修を行った場合はその内容と補修年を簡明に記入する。
（例）〔臥梁・エポキシ樹脂注入／H23年〕</td></tr>
<tr><td colspan="2" rowspan="2"></td></tr>
<tr></tr>
<tr><td rowspan="4">Ⅲ
結
果
点
数</td><td>Ⓐ 構 造 耐 力
Ⓑ 健 全 度</td><td>｛判別式の結果…小数点第3位を四捨五入
｛評点…………小数点第2位を四捨五入
｛評点合計………小数点第1位を四捨五入</td></tr>
<tr><td>Ⓒ 立 地 条 件</td><td>係数を小数点第2位まで記入する。</td></tr>
<tr><td>耐 力 度</td><td>Ⓐ×Ⓑ×Ⓒの計算をした上、小数点第1位を四捨五入する。</td></tr>
</table>

3.2.2 Ⓐ構造耐力の記入方法

(1) 目的

この欄は、耐力度測定を行う建物が現時点において、どの程度の耐力があるかを評価するも

のである。

(2)　構造耐力の測定範囲

　耐力度測定は、当該建物及びその設計図書によって建築年が異なるごとに行うが、Ⓐ―①保有耐力については、建築年が異なる部分があっても棟全体について評価する。ただし、他の構造との併用構造の場合には、原則としてそれぞれの部分について評価する。

　1棟のうち一部が基準点を下回り、かつ、取り壊し対象となる場合は、その部分を取り壊したものとして残りの部分の保有耐力等を再評価してもよい。

　設計図書がない場合は、現地調査により構造図を作成して検討する。

　なお、設計図書がある場合でも主要構造部については現地調査を行い、図面に所要の修正を行った上で評価する。

(3)　各欄の記入説明

①　保有耐力

　(a)　水平耐力：q

　　各階の水平耐力q（壁量に基づく水平耐力に関する性能値）を式(1)により算定し、保有耐力の評点㋓が最小となる階について評価する。

$$q = q_X \text{ または } q_Y \text{ のいずれか小さい方の値} \quad\cdots\cdots\cdots\cdots\cdots\cdots(1)$$

ここで、　　$q_X = \dfrac{L_X}{L_N}$

　　　　　　$q_Y = \dfrac{L_Y}{L_N}$

　ただし、耐力壁の端部、L形・T形の取合部または開口部の周囲が現場打ちコンクリート及び補強筋により補強されていない場合には、q_X 及び q_Y の値を80％に低減する。

　L_X、L_Y：X方向、Y方向の壁量で、式(2)により求める（mm/m²）

$$L = \frac{\Sigma l}{A} \quad\cdots\cdots\cdots\cdots\cdots\cdots\cdots\cdots\cdots\cdots\cdots\cdots\cdots\cdots\cdots\cdots\cdots(2)$$

ここで、　　　L：L_X または L_Y

　　　　　　　Σl：その階の検討している方向に有効な耐力壁の長さの和。なお、壁長が550mm以上、かつ、壁内法高さの30％以上の壁を有効な耐力壁とし、個々の耐力壁の長さの算出は図1による（mm）

　　　　　　　A：その階の床面積。なお、上階にバルコニーまたは庇がある場合はその面積の1/2を加算する（m²）

　　　　　　　L_N：標準壁量で表1による（mm/m²）。なお、表1中の t は耐力壁の厚さ（mm）である。

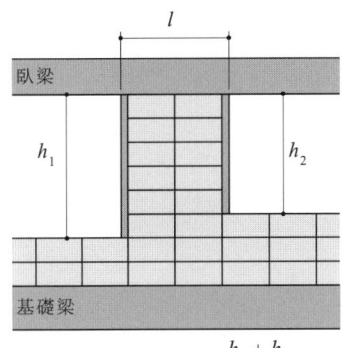

$l \geqq 550\text{mm} \text{ かつ } 0.3 \times \dfrac{h_1 + h_2}{2} \text{ 以上}$

(a) 有効な耐力壁

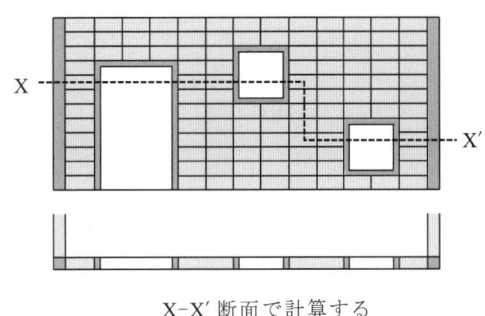

X–X′ 断面で計算する

(b) 耐力壁の長さの取り方

図 1　耐力壁の長さの算出

表 1　標準壁量 L_N

コンクリートブロック種別	壁量（mm/m²）		
	平屋、最上階	最上階から二つ目の階	最上階から三つ目の階
旧 A 種	$230 \times (150/t)$	—	—
旧 B 種	$180 \times (150/t)$	$260 \times (190/t)$	—
旧 C 種	$170 \times (150/t)$	$210 \times (190/t)$	$290 \times (190/t)$
A 種	$170 \times (150/t)$	$250 \times (190/t)$	—
B 種	$170 \times (150/t)$	$210 \times (190/t)$	$290 \times (190/t)$
C 種	$170 \times (150/t)$	$170 \times (190/t)$	$230 \times (190/t)$

注）t：耐力壁の厚さ（使用コンクリートブロックの厚さ）（mm）

判別式　　$1.0 \leqq q$　　・・・・・・・・・・・・・ 1.0

　　　　　$0.5 < q < 1.0$・・・・・・・・・・・・ 直線補間

　　　　　$q \leqq 0.5$・・・・・・・・・・・・・ 0.5

　なお、新耐震設計基準で設計された建物については、水平耐力の評点を 1.0 と評価する。

(b)　コンクリートブロック強度：α

　コンクリートブロック強度の評点はコンクリートブロックの圧縮強度 f_B と種別標準圧縮強度 f_N との比 α より求める。

$$\alpha = f_B / f_N \quad \cdots\cdots\cdots\cdots\cdots\cdots\cdots\cdots\cdots\cdots\cdots\cdots\cdots\cdots\cdots\cdots\cdots (3)$$

ここで、　f_B：コンクリートブロックの圧縮強度（N/mm²）

　　　　　f_N：種別標準圧縮強度で表 2 による（N/mm²）

判別式　　$1.0 \leqq \alpha$　　・・・・・・・・・・・・・ 1.0

　　　　　$0.5 < \alpha < 1.0$・・・・・・・・・・・・ 直線補間

　　　　　$\alpha \leqq 0.5$・・・・・・・・・・・・・ 0.5

表 2　種別標準圧縮強度 f_N

建築年	コンクリートブロック種別	f_N（N/mm²）
1980 年 （昭和 55 年） 以 前	旧 A 種	2.5
	旧 B 種	3.9
	旧 C 種	5.9
1981 年 （昭和 56 年） 以 降	A 種	4.0
	B 種	6.0
	C 種	8.0

(c)　偏心率：R_e

　建物の地上部分について、各階の張間・桁行方向について偏心率 R_e（重心と剛心（各階の水平方向の変形に対する剛さの中心）との偏心距離 e の弾力半径 γ_e に対する割合）を式 (4) によって算出し、保有耐力が最小となる階について評価する。

$$R_e = e/\gamma_e \cdots\cdots\cdots\cdots\cdots\cdots\cdots\cdots\cdots\cdots\cdots\cdots\cdots\cdots\cdots\cdots\cdots\cdots(4)$$

ここで、　　e：各階の構造耐力上主要な部分が支える固定荷重及び積載荷重（建築基準法施行令第 86 条第 2 項ただし書の規定によって特定行政庁が指定する多雪区域にあっては、固定荷重、積載荷重及び積雪荷重）の重心と当該各階の剛心をそれぞれ同一水平面に投影させて結ぶ線を計算しようとする方向と直交する平面に投影させた線の長さ（mm）

　　　　　　γ_e：各階の剛心のまわりのねじり剛性の数値を当該各階の計算しようとする方向の水平剛性の数値で除した数値の平方根（mm）

判別式　　　　　　$R_e \leqq 0.15$ ············· 1.0

　　　　　　$0.15 < R_e < 0.3$ ············· 直線補間

　　　　　　$0.3 \leqq R_e$ ············· 0.7

　なお、水平耐力の算定において、式 (1) による q_X または q_Y の値が 1.5 以上である場合、当該方向の偏心率 R_e の算定を省略し、R_e をゼロと見なして評価する。

　また、耐力壁の配置がほぼ対称であるなど明らかに壁配置のバランスがよい場合にも当該方向の偏心率 R_e の算定を省略し、R_e をゼロと見なして評価してよい。

(d)　臥梁・スラブの構造：m

　m は式 (5) により計算する。

$$m = m_1 \times m_2 \cdots\cdots\cdots\cdots\cdots\cdots\cdots\cdots\cdots\cdots\cdots\cdots\cdots\cdots\cdots\cdots\cdots\cdots(5)$$

ここで、　　m_1：保有耐力が最小となる階の直上の臥梁の構造・寸法が日本建築学会補強コンクリートブロック造設計規準（2006）の規定を満足する場合には、$m_1 = 1.0$ とし、それ以外の場合には、$m_1 = 0.9$ とする

m_2：保有耐力が最小となる階の分割面積が表3を満たす場合には、$m_2 = 1.0$、それ以外の場合には $m_2 = 0.9$ とする

表3　分割面積

対象階の直上の床または屋根の構造	分割面積
鉄筋コンクリート造（剛なプレキャスト鉄筋コンクリート造を含む）のスラブの場合	$60\,\mathrm{m}^2$ 以下
軟弱地盤以外に建つ2階建て以下の建築物の屋根で木造など鉄筋コンクリート造以外の場合	$45\,\mathrm{m}^2$ 以下

評　価　　$m = 1.0$ ············· 1.0

$m = 0.9$ ············· 0.9

$m = 0.81$ ··········· 0.8

② 基礎構造：β

当該建物の基礎及び敷地地盤について、建築年が異なるごとに基礎構造の地震被害に関する指標 β を式 (6) により算出して評価する。

$$\beta = u \cdot p \quad\cdots\cdots\cdots\cdots\cdots\cdots\cdots\cdots\cdots\cdots\cdots\cdots\cdots\cdots\cdots\cdots\cdots\cdots\cdots\cdots\cdots\cdots (6)$$

ここで、　　u：当該基礎の種類に応じた下記の値

木杭基礎 ··················0.8

RC杭、ペデスタル杭基礎 ············0.9

上記以外の基礎···················1.0

p：基礎の被害予測に関する下記の項目のうち、該当する最小の値とする。

液状化が予想される地域である······0.8

基礎梁せいの規定を満足しない······0.9

上記に該当しない場合··················1.0

判別式　　$1.0 \leqq \beta$ または測定しない場合··············1.0

$0.64 < \beta < 1.0$　　　　·············直線補間

$\beta \leqq 0.64$　　　　·············0.64

3.2.3　Ⓑ健全度の記入方法

⑴ 目的

この欄は耐力度測定を行う建物が建築時以降に老朽化した度合を調べ、構造体の劣化を評価するものである。

⑵　健全度の測定範囲

　　測定は建築年が異なるごとに行うものとする。

⑶　各欄の記入説明

①　経年変化：T

　　当該建物の耐力度測定時における建築時からの経過年数、または長寿命化改良事業を行った時点からの経過年数に応じて経年変化Tを式(7)により計算する。

　⒜　建築後、長寿命化改良事業実施前

　　　当該建物の耐力度測定時における、建築時からの経過年数tに応じて、経年変化Tを下式により計算する。ただし、Tがゼロ以下の場合は、$T=0$とする。

$$T = (40 - t)/40 \cdots\cdots\cdots\cdots\cdots\cdots\cdots\cdots\cdots\cdots\cdots\cdots\cdots (7)$$

　　ここで、　　t：建築時からの経過年数

　⒝　長寿命化改良事業実施後

　　　当該建物の耐力度測定時における、長寿命化改良事業を行った時点からの経過年数t_2に応じて、経年変化Tを式(8)により計算する。ただし、Tがゼロ以下の場合は、$T=0$とする。

$$T = (30 - t_2)/40 \cdots\cdots\cdots\cdots\cdots\cdots\cdots\cdots\cdots\cdots\cdots\cdots\cdots (8)$$

　　ここで、　　t_2：長寿命化改良事業実施後の経過年数

②　コンクリート中性化深さ及び鉄筋かぶり厚さ

　⒜　コンクリート中性化深さ：a

　　　当該建物の臥梁2箇所、基礎梁2箇所以上について測定を行い、その平均値を中性化深さaとする。中性化の測定方法は以下による。

　　　はつり面に、フェノールフタレイン1％アルコール溶液を噴霧し、赤紫色に着色しない部分の最大深さ（a_i cm）を測定する（図2参照）。

　　　　　　　a：実測した中性化深さの平均値

判別式　　　　　　　$a \leqq 1.5$ cm$\cdots\cdots\cdots\cdots$1.0

　　　　　　　1.5 cm $< a <$ 3　cm$\cdots\cdots\cdots\cdots$直線補間

　　　　　　　3　cm $\leqq a$　　　　　$\cdots\cdots\cdots\cdots\cdots$0.5

ただし、基礎梁については測定値より1.0 cm減じた値を使用する。

　⒝　鉄筋かぶり厚さ：b

　　　前記②―⒜のコンクリート中性化深さの測定を行った臥梁2箇所、基礎梁2箇所以上について鉄筋かぶり厚さを測定し、その平均値を鉄筋かぶり厚さbとする。

鉄筋かぶり厚さの測定方法は以下による。

仕上材を除いたコンクリート躯体表面から、あばら筋の外側までの垂直距離（b_i cm）を測定する。（図2参照）

b：実測した鉄筋かぶり厚さの平均値

判別式　　3　cm $\leqq b$　　　　………… 1.0

　　　　1.5 cm $< b < 3$　cm………… 直線補間

　　　　　　$b \leqq 1.5$ cm………… 0.5

ただし、基礎梁については測定値より 1.0 cm 減じた値を使用する。

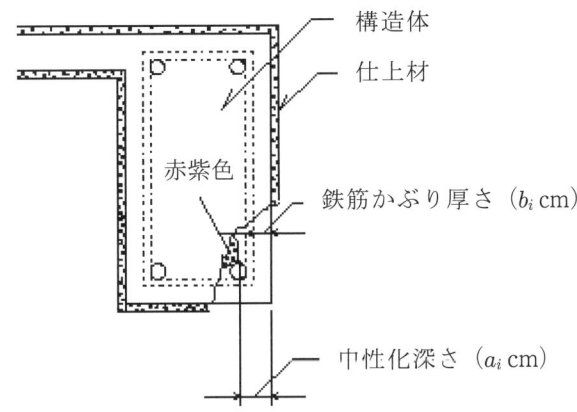

構造体
仕上材
赤紫色
鉄筋かぶり厚さ（b_i cm）
中性化深さ（a_i cm）

図2　コンクリート中性化深さ及び鉄筋かぶり厚さの測定

③　充てんコンクリート中性化深さ及び鉄筋かぶり厚さ

(a)　充てんコンクリート中性化深さ：a'

当該建物のコンクリートブロック壁縦目地、横目地部充てんコンクリートについて、それぞれ2箇所以上のコンクリート中性化状態を調べ、表4によって状態に応じたランクを求め、その平均値を中性化深さ a' により評価する。

中性化の測定方法は、②—(a)と同様に行う（図3参照）。

表4　充てんコンクリートの中性化のランク

充てんコンクリートの中性化状態	中性化のランク
中性化がほとんど認められない	1
中性化深さが 1.0 cm 未満である	2
中性化深さが 1.0 cm 以上 2.0 cm 未満である	3
中性化深さが 2.0 cm 以上である	4
充てんコンクリートが全て中性化している	5
充てんコンクリートが認められない[※1]	6

※1　鉄筋が挿入されている目地空洞部に限る。なお、充てんコンクリートが認められないとは、空隙部を有し鉄筋が被覆されていない状態が認められた場合も含む。

評価は表5による。

　　a'：各部材ランク値の相加平均

表5　充てんコンクリートの中性化の評価

a'	評価
1	1.0
1 より大きく2以下	0.9
2　　〃　　3　〃	0.8
3　　〃　　4　〃	0.7
4　　〃　　5　〃	0.5
ランク6が含まれる場合	0.3

(b)　鉄筋かぶり厚さ：b'

　前記③—(a)の充てんコンクリート中性化深さの測定を行ったコンクリートブロック壁縦目地部2箇所以上、横目地部2箇所以上の鉄筋かぶり厚さの状態を調べ（図3参照）、表6によって状態に応じたランクを求め、その平均値 b' により評価する。

　鉄筋かぶり厚さの測定方法は、②—(b)と同様に行う（図3参照）。

表6　充てんコンクリート部の鉄筋かぶり厚さのランク

鉄筋かぶり厚さの状態	かぶり厚さのランク
かぶり厚さが2.0 cm 以上である	1
かぶり厚さが1.5 cm 以上2.0 cm 未満である	2
かぶり厚さが1.0 cm 以上1.5 cm 未満である	3
かぶり厚さが1.0 cm 未満である	4
鉄筋がブロックに接している	5
充てんコンクリートまたは鉄筋が認められない [※2]	6

※2　充てんコンクリートが認められないとは、空隙部を有し、鉄筋が被覆されていない状態が認められた場合も含む。鉄筋が認められないとは、鉄筋が挿入されていなければならない目地空洞部に鉄筋が認められない場合。

評価は表7による。

　　b'：各部材ランク値の相加平均

表7 充てんコンクリートの中性化の評価

b'	評価
1	1.0
1より大きく2以下	0.9
2 〃 3 〃	0.8
3 〃 4 〃	0.7
4 〃 5 〃	0.5
ランク6が含まれる場合	0.3

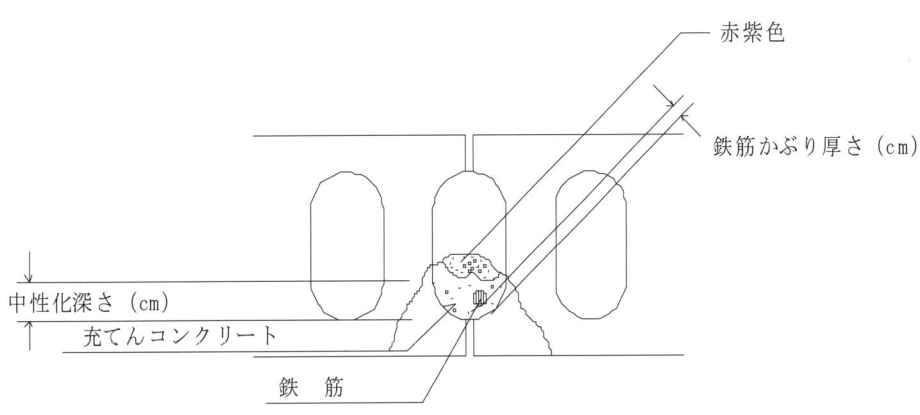

図3 充てんコンクリート中性化深さ及び鉄筋かぶり厚さの測定

④ 鉄筋腐食度：F

前記②─(b)及び③─(b)の鉄筋かぶり厚さの測定を行った臥梁、基礎梁、コンクリートブロック壁縦目地、横目地部についてそれぞれ2箇所以上、鉄筋の腐食状態を調べ、表8によって状態に応じたランクを求め、その平均値Fにより評価する。

表8 発錆のランク

鉄 筋 の 発 錆 状 態	発錆のランク
さびがほとんど認められない	1
部分的に点食を認める	2
大部分が赤さびにおおわれている	3
亀裂、打継ぎなどに局所的な断面欠損がある	4
層状さびの膨張力によりかぶりコンクリートを持ち上げている 断面が全体的に欠損している	5
鉄筋が認められない ※3	6

※3 鉄筋が認められないとは、鉄筋が挿入されていなければならない目地空洞部に鉄筋が認められない場合。

評価は表9による。

　　　F：各部材ランク値の相加平均

表9　鉄筋腐食度の評価

F	評価
1	1.0
1より大きく2以下	0.9
2　〃　　3　〃	0.8
3　〃　　4　〃	0.7
4　〃　　5　〃	0.5
ランク6が含まれる場合	0.3

⑤　ひび割れ：C

　ひび割れは、コンクリート部材及びコンクリートブロック壁体のひび割れに基づき、式(9)によって得られる、Cにより評価する。

$$C = c \text{ または } c' \text{ のいずれか大きい方の値} \cdots\cdots\cdots\cdots\cdots\cdots\cdots\cdots\cdots(9)$$

ここで、　　c：コンクリート部材のひび割れランク値の平均値で下記(a)による

　　　　　　c'：コンクリートブロック壁体のひび割れランク値の平均値で下記(b)による

　評価は表10による。

表10　ひび割れの評価

C	評価
1	1.0
1より大きく2以下	0.9
2　〃　　3　〃	0.8
3　〃　　4　〃	0.7
4　〃　　5　〃	0.5

(a)　コンクリート部材のひび割れ：c

　当該建物の代表的な1スパンを取り出し、そこに含まれている臥梁、基礎梁または床について構造ひび割れの測定を行い、表11によって状態に応じたランク値を定め、その平均値cを求める。

　なお、仕上げモルタル等の単なる収縮亀裂を評価しないように留意する。

表11 コンクリート部材のひび割れのランク

部材ごとのひび割れの状態	ランク
ひび割れがほとんど認められない	1
部分的にヘアークラックが認められる	2
ヘアークラックがかなりある、または、幅0.3 mm 未満のひび割れが部分的に認められる	3
幅0.3 mm 未満のひび割れがかなりある、または、幅1.0 mm 未満のひび割れが部分的に認められる	4
幅1.0 mm 未満のひび割れがかなりある、または、幅1.0 mm 以上のひび割れが認められる	5

(b) コンクリートブロック壁体のひび割れ：c'

　当該建物の代表的なコンクリートブロック壁2箇所以上について、ひび割れの測定を行い、表12によって状態に応じたランクを定め、その平均値 c' を求める。

表12 コンクリートブロック壁体のひび割れのランク

部材ごとのひび割れの状態	ランク
ひび割れがほとんど認められない	1
目地に部分的にヘアークラックが認められる	2
目地に幅0.3 mm 未満のひび割れが認められる 目地にヘアークラックが両面に認められる	3
目地に幅0.3 mm 未満のひび割れがかなりあるか、幅1.0 mm 未満のひび割れが部分的に認められる 目地に幅0.3 mm 未満のひび割れが両面に認められる ブロックに局所的にひび割れがあるか欠けが認められる	4
目地に幅1.0 mm 未満のひび割れがかなりあるか、幅1.0 mm 以上のひび割れが認められる ブロックにひび割れが発生している	5

⑥ 不同沈下量：ϕ

　各階の張間・桁行両方向について沈下量測定を行い、相対沈下量の最大値により評価する。

　なお、測定マークは構造体に設定することを原則とするが、それが困難な場合は構造体より1 m の範囲内に設定する（例えば窓台等）。

$$\phi = \varepsilon/l \quad \cdots\cdots (10)$$

ここで、　ε：各方向の隣り合う壁体間の相対沈下量（cm）

　　　　　l：隣り合う壁体間の距離（cm）

判別式 $\qquad \phi \leqq 1/500$ または測定しない場合 ………… 1.0

$\qquad 1/500 < \phi < 1/200 \qquad$ ………… 直線補間

$\qquad 1/200 \leqq \phi \qquad$ ………… 0.5

⑦ たわみ量：θ

当該建物のRC造床スラブ1箇所、梁1箇所についてたわみ量の測定を行い、たわみ角θの最大値により評価する。

なお、測定マークは構造体に設定することを原則とするが、それが困難な場合は構造体より1mの範囲内に設定する（例えば窓台等）。

$$\theta = \delta/l \qquad\qquad\qquad (11)$$

ここで、 l：床スラブの短辺方向の長さ、または梁の長さ（cm）

$\qquad \delta$：最大たわみ（cm）

判別式 $\qquad \theta \leqq 1/300$ または測定しない場合 ………… 1.0

$\qquad 1/300 < \theta < 1/200 \qquad$ ………… 直線補間

$\qquad 1/200 \leqq \theta \qquad$ ………… 0.5

⑧ 構造使用材料：M

構造使用材料は、使用ブロックの種別、コンクリートの圧縮強度に応じた評価をそれぞれ行い、小さい方を採用する。

(a) ブロック種別

使用ブロックの種別に応じて、表13により評価する。

表13 ブロックの種別の評価

ブロック種別	評価
旧A種	0.3
旧B種	0.5
旧C種	0.8
A種	0.5
B種	0.8
C種	1.0

ただし、A、B、C種は昭和54年制定のJIS A 5406-1979以降による区分で、それ以前の区分によるものを旧A、旧B、旧C種とする。

(b) コンクリート圧縮強度

使用コンクリートの圧縮強度に応じて、表14により評価する。

臥梁、基礎梁のうち正常に施工された部分について、建築年が異なるごとに、それぞれ2

箇所以上でコンクリート圧縮強度試験を行い、その平均値によりコンクリート強度を評価する。

なお、コンクリート圧縮強度はリバウンドハンマー試験による値を用いてよい。

表14 コンクリート圧縮強度の評価

コンクリート圧縮強度（N/mm^2）	評価
$18 \leqq Fc$	1.0
$13.5 < Fc < 18$	直線補間
$Fc \leqq 13.5$	0.0

⑨ 火災による疲弊度：S

当該建物が耐力度測定時までに火災による被害を受けたことがある場合、その被害の程度が最も大きい階について被災面積を求め、その階の床面積に対する割合をもって評価する。

$$S = S_t/S_0 \quad\cdots\cdots\cdots\cdots\cdots\cdots\cdots\cdots\cdots\cdots\cdots\cdots\cdots\cdots\cdots\cdots\cdots\cdots\cdots\cdots\cdots\cdots\cdots(12)$$

ここで、　S_t：$S_1 + S_2 \times 0.75 + S_3 \times 0.5 + S_4 \times 0.25$（m^2）

S_0：当該階の床面積（m^2）

S_1、S_2、S_3、S_4：表15の被災程度により区分される床面積（m^2）

表15 被災程度と床面積

被災床面積	被　災　程　度　の　区　分
S_1	構造体変質： 火災により非構造材が全焼し、構造体の表面がはぜ割れ等の変質をしたもの
S_2	非構造材全焼： 火災により非構造材が全焼したが、構造体は変質していないもの
S_3	非構造材半焼： 火災により非構造材が半焼したもの
S_4	煙害程度： 火災により煙害または水害程度の被害を受けたもの

判別式　　　$S = 0$………………1.0

$0 < S < 1$……………直線補間

$S = 1$……………0.5

3.2.4 ⓒ立地条件の記入方法

⑴ 目的

この欄は耐力度測定を行う建物の立地条件について調べるものである。

(2)　各欄の記入説明

① 地震地域係数

地域区分は建設省告示第1793号（最終改正：平成19年国土交通省告示第597号）第1に基づき、該当するものを○で囲む。

② 地盤種別

地盤種別は基礎下の地盤を対象とし建設省告示第1793号（最終改正：平成19年国土交通省告示第597号）第2に基づき、該当するものを○で囲む。

③ 敷地条件

当該建物の敷地地盤の状況に基づき、該当するものを○で囲む。

④ 積雪寒冷地域

積雪寒冷地域は義務教育諸学校等の施設費の国庫負担等に関する法律施行令第7条第5項の規定に基づき、該当する地域区分を○で囲む。

⑤ 海岸からの距離

当該建物から海岸までの直線距離に該当する区分を○で囲む。

3.2.5　図面の記入方法

調査対象建物の平面図、断面図等を記入する。

建築年が異なる場合は1棟全体を記入し、調査対象の範囲を明示する。

第４章　　耐力度調査票付属説明書の解説

■CB造建物の設計規準の変遷と過去の地震被害

　耐力度測定方法は、これまでRC造学校校舎等の耐震性能の評価に使われてきた耐震診断法と類似しているが、耐力度測定方法では当該建物の耐震性能を評価することに加え、機能面に関する老朽化の程度を調査し、さらに立地の環境要因も加味して改修・改築の要否を総合的に判定する。構造耐力の測定方法に関して、CB造建物においては耐震診断法が確立されていないことから、今回の改定では新築建物の耐震設計時に用いられている壁量を利用して耐震性能を評価することとした。

　本耐力度測定方法で扱うCB造建物の過去の地震被害を振り返ると、平成7年兵庫県南部地震において当時の気象庁震度階（平成8年改正前震度階）ⅥまたはⅦであった神戸市とその周辺地域におけるCB造建物（計527棟）の被害率は、軽微な被害を含めると13％、耐力壁に典型的なせん断ひび割れが生じるような被害以上に限ると4％となっている[3]。これらの被害の中で崩壊した建物は、地盤・地形上の崩落によるもの、あるいは設計施工上の欠陥が原因とされるものであり、崩壊には至らない程度の著しい被害が生じた事例では地盤の沈下・傾斜が主な原因とされており、振動による躯体の被害はそれほど大きなものではないとのことである。また、平成23年東北地方太平洋沖地震においては被害の全容把握が困難な状況であり、CB造建物については津波による被害のほか、いくつかの振動被害の事例が報告されているが、いずれも耐力壁にいくらかのせん断ひび割れが生じるような被害であり、それほど大きな被害には至っていない[4]。その他、一般建築物に大きな被害をもたらした地震においても、日本建築学会のCB造設計規準を遵守した建物においては大きな被害が生じていないとされている[5]。

　1.1.2項で示した通り、CB造に関する設計規準は昭和27年に日本建築学会から発刊されて以来、昭和54年の強度・剛性の増大を図る改定を含む7回の改定が行われ現在に至っている。前述した地震被害で示されるように、この設計規準を遵守したCB造建物には概ね所要の耐震性が備わっていると考えることができる。また、CB造建物の設計では壁量を基本とする簡便な方法が取られており、壁の多いRC造建物同様、壁量がCB造建物の保有耐力を評価する上で重要な要素であると考えられる。このような背景から、今回の改定ではCB造設計規準と震害の関係、算定の簡便性を考慮して「構造耐力」に関わる評点の算出では、現行CB造設計規準との適合性を重視し、特に「①保有耐力」のうちの「(a)水平耐力」の評価には壁量を利用することとした。

　以上の予備知識を示した上で各項目の解説を行うことにする。

■本耐力度測定方法の特徴及びRC造耐力度測定方法との関係
　本耐力度測定方法とRC造耐力度測定方法の各項目及び細項目の比較を表4.1に示す。
　Ⓐ構造耐力において、「①保有耐力」の主要項目である「(a)水平耐力」については、RC造の耐力度測定方法では原則耐震診断結果を利用することとしているが、本測定方法ではCB造

の耐震診断法が確立されていないことから今回の改定において壁量を利用して算定することとした。また、CB造の「①保有耐力」に関わる評点を算定する際に、壁量による「(a)水平耐力」の他に考慮すべき項目として、「(b)コンクリートブロック強度」、「(c)偏心率」、「(d)臥梁・スラブの構造」が設けられている。その他、RC造耐力度測定方法との相違点として、壁式構造で剛性が比較的高いと考えられるCB造については、RC造の「②層間変形角」の項目が省略されている。さらに、CB造では耐力壁においてコンクリートブロックを斜めに貫通するような著しいひび割れ発生に対する復旧工法が確立されておらず、このような地震被災後の再使用は困難であるとの判断から「④地震による被災履歴」の項目も設けていない。

　Ⓑ健全度については、RC造耐力度測定方法の改定と同様に、「⑧構造使用材料」（RC造では⑤）の項目を構造耐力から健全度に移して評価することとした。また、CB造の特有の項目として、「③充てんコンクリート中性化深さ及び鉄筋かぶり厚さ」、並びに「⑦たわみ量」の項目が加えられている。

　Ⓒ立地条件（旧Ⓒ外力条件）については、RC造と同様に改定し、将来にわたって構造耐力と健全度に影響すると思われる環境要因を立地条件として加味して改修・改築の要否を総合的に判定することとしており、測定項目についてもRC造と同じとしている。

　CB造の耐力度測定方法も、RC造の耐力度測定方法と同様に、地震に対する危険性を含めた老朽化建物の発見（すなわち、評価の低いものの発見）を目的としていることが、基本的性格の一つである。このことは、RC造の耐震診断が地震に対する安全性の高い建物の発見（すなわち、評価の高いものの発見）を目的としていることと好対照をなしている。

　通常、耐震診断では、まず低次の診断法で多数の建物の中から耐震安全性の高いものを選ぶ。残ったものは、ただちに危険というわけではなく、更に高次の詳細な検討を行うことにより、その中から安全な建物を選び出すことができる。つまり、低次の診断で得られる評点は一般に低目であり、高次の診断を行えば評点が段々上がっていく仕組みになっている。そこで、評点の高いものは確実に安全だと言えるが、低いものが直ちに危険だというわけではない。

　これに対して耐力度測定方法の仕組みは全く逆で、多数の建物の中から危険性と老朽化度の高い建物を順次選び出していくこととしているので、測定を簡単に行うとか、あるいはある項目の測定を行わない場合には高い評点が得られることとなる。全ての項目について詳細な測定を行うとより低い評点が得られる。したがって、耐力度の低いものが危険あるいは老朽化が著しいと言うことはできるが、高いものが安全あるいは老朽化していないとは必ずしも言えない。

　この耐力度測定方法による評点は高いが、他の要因により危険あるいは老朽化が著しいのではないかと予測される建物については、特殊なケースとして専門家による鑑定等に基づいた個別審査を行うことも必要となる。例えば、地盤や基礎に起因する障害が発生しているといったような場合である。

表 4.1   CB 造と RC 造との比較

Ⓐ構造耐力

CB 造	RC 造
①保有耐力 　(a) 水平耐力 　(b) コンクリートブロック強度 　(c) 偏心率 　(d) 臥梁・スラブの構造 ②基礎構造	①保有耐力 　(a) 水平耐力 　(b) コンクリート圧縮強度 ②層間変形角 ③基礎構造 ④地震による被災履歴

Ⓑ健全度

CB 造	RC 造
①経年変化 ②コンクリート中性化深さ及び鉄筋かぶり厚さ 　(a) コンクリート中性化深さ 　(b) 鉄筋かぶり厚さ ③充てんコンクリート中性化深さ及び鉄筋かぶり厚さ 　(a) 充てんコンクリート中性化深さ 　(b) 鉄筋かぶり厚さ ④鉄筋腐食度 ⑤ひび割れ ⑥不同沈下量 ⑦たわみ量 ⑧構造使用材料 ⑨火災による疲弊度	①経年変化 ②鉄筋腐食度 ③コンクリート中性化深さ等及び鉄筋かぶり厚さ 　(a) コンクリート中性化深さ等 　(b) 鉄筋かぶり厚さ ④躯体の状態 ⑤不同沈下量 ⑥コンクリート圧縮強度 ⑦火災による疲弊度

4.1 構 造 耐 力

現時点において、耐力度測定する建物が構造耐力上どの程度の性能があるかを評価するものであり、その性能を保有耐力、基礎構造に基づいて評価する。これらの項目の配点は、保有耐力70点、基礎構造30点である。

4.1.1 保 有 耐 力

壁量とコンクリートブロック強度を基に保有耐力の評点を算定する。保有耐力の評点は水平耐力、コンクリートブロック強度から求められる係数、偏心率から求められる係数及び臥梁・スラブの構造から求められる係数の積として与えられる。

(1) 水平耐力

① 保有耐力

  (a) 水平耐力：q

  各階の水平耐力 q（壁量に基づく水平耐力に関する性能値）を式(1)により算定し、保有耐力の評点㋜が最小となる階について評価する。

$$q = q_X \text{ または } q_Y \text{ のいずれか小さい方の値} \quad\cdots\cdots\cdots\cdots\cdots\cdots\cdots\cdots(1)$$

ここで、 $q_X = \dfrac{L_X}{L_N}$

$q_Y = \dfrac{L_Y}{L_N}$

ただし、耐力壁の端部、L形・T形の取合部または開口部の周囲が現場打ちコンクリート及び補強筋により補強されていない場合には、q_X 及び q_Y の値を80%に低減する。

L_X、L_Y：X方向、Y方向の壁量で、式(2)により求める（mm/m²）

$$L = \frac{\Sigma l}{A} \quad\cdots\cdots\cdots\cdots\cdots\cdots\cdots\cdots\cdots\cdots\cdots\cdots\cdots\cdots\cdots\cdots\cdots\cdots\cdots\cdots\cdots(2)$$

ここで、 L：L_X または L_Y

Σl：その階の検討している方向に有効な耐力壁の長さの和。なお、壁長が550 mm以上、かつ、壁内法高さの30%以上の壁を有効な耐力壁とし、個々の耐力壁の長さの算出は図1による（mm）

A：その階の床面積。なお、上階にバルコニーまたは庇がある場合はその面積の1/2を加算する（m²）

L_N：標準壁量で表1による（mm/m²）。なお、表1中の t は耐力壁の厚さ（mm）である。

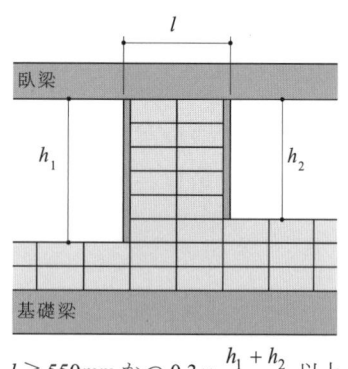

$$l \geqq 550\text{mm} \quad \text{かつ} \quad 0.3 \times \frac{h_1 + h_2}{2} \text{ 以上}$$

(a) 有効な耐力壁

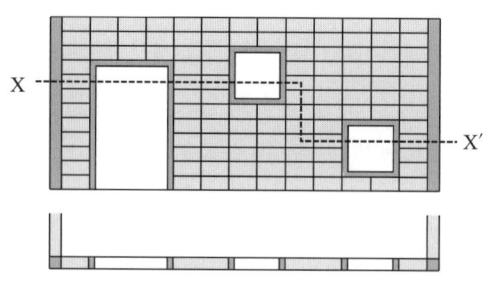

X-X′ 断面で計算する

(b) 耐力壁の長さの取り方

図1　耐力壁の長さの算出

表1　標準壁量 L_N

コンクリートブロック種別	壁量 (mm/m²)		
	平屋、最上階	最上階から二つ目の階	最上階から三つ目の階
旧A種	$230 \times (150/t)$	—	—
旧B種	$180 \times (150/t)$	$260 \times (190/t)$	—
旧C種	$170 \times (150/t)$	$210 \times (190/t)$	$290 \times (190/t)$
A種	$170 \times (150/t)$	$250 \times (190/t)$	—
B種	$170 \times (150/t)$	$210 \times (190/t)$	$290 \times (190/t)$
C種	$170 \times (150/t)$	$170 \times (190/t)$	$230 \times (190/t)$

注) t：耐力壁の厚さ（使用コンクリートブロックの厚さ）(mm)

判別式　　$1.0 \leqq q$　………………1.0

　　　　　$0.5 < q < 1.0$……………直線補間

　　　　　　$q \leqq 0.5$……………0.5

　なお、新耐震設計基準で設計された建物については、水平耐力の評点を 1.0 と評価する。

(a)　q_X、q_Y について

　q_X、q_Y は壁量に基づいて耐震性能値を表す指標であり、各階 X、Y 方向の壁量 L_X、L_Y を表1に示す標準壁量 L_N で除して算定する。よって、当該建物に使用されているブロック種別の判別が非常に重要となる。設計図書等においてブロック種別が判別できない場合は、表2に示す建設年代や、当時の設計規準における建物階数の規定などを参照してブロック種別を慎重に判断する必要がある。

　表1のA種、B種、C種ブロックの標準壁量（各欄の 170〜290 の数値）は、日本建築学会補強コンクリートブロック造設計規準（2006）に規定されたそれぞれの標準壁量に、RC造学校建物の耐震診断を実施する場合の判定値と同程度の割増し（概ね 0.7/0.6 程度）を行

った値である。さらに、この値に同規準の最小壁厚と当該建物の耐力壁の厚さ t との比を乗じて、壁厚の効果を考慮した値としている。なお、耐力壁の厚さ t は使用されているコンクリートブロックのみの厚みであり、仕上げモルタル等を含まない値とする。

　一方、表1の旧A種、旧B種、旧C種ブロックの標準壁量（各欄の170〜290の数値）は、現行のA種、B種ブロックの標準壁量に対し、昭和30年版JIS規格のA種、B種、C種ブロックの強度（表2参照のこと）を考慮し、両者の許容せん断応力度の比で割増した値である。

(b)　耐力壁の端部、隅角部等の補強について

　CB造では、耐力壁の端部、L形・T形の取合部あるいは開口部の周囲を現場打ちのコンクリートで固めることが耐力壁の一体性を高め、その耐震性を確保するために重要である。本測定方法では、日本建築学会補強コンクリートブロック造設計規準（2006）の「9条　耐力壁の構造」の5に準拠して、上記接合部が図 4.1(a) に示したように補強されている場合を標準とし、例えば、同図 (b) のように補強が不完全な場合には q_X 及び q_Y を80％に低減することとした。

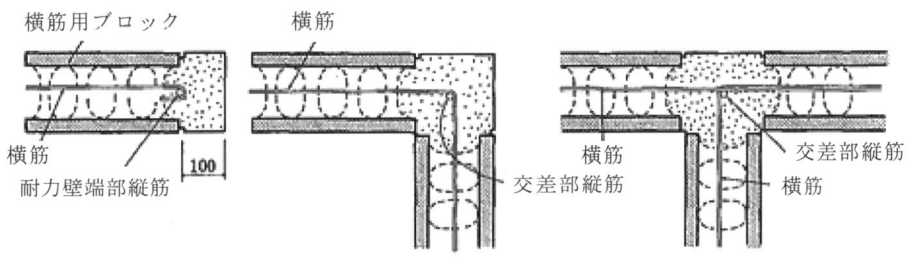

(a)　現場打ちコンクリートによる補強

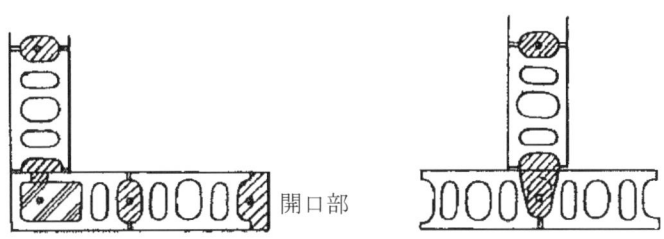

(b)　避けるべき補強例

図 4.1　L形・T形、開口部周囲等の補強[5]

(c)　評点と配点について

　水平耐力に係る評点は q が1.0以上を満点とし、q が0.5以下を0.5として、その間は直線補間して求める。これは、今回の改定で保有耐力の配点を70点としたことや、改定前の測定方法による結果との連続性も考慮して設定したものである。

　本測定方法における q 算定時の標準壁量は、前述の通りCB造設計規準の標準壁量を割増して設定しているため、設計規準の最少壁量及び壁厚で設計されている場合には評点が満点とならない。特に昭和54年版以前の設計規準による建物は、使用されているブロックの強

度が1ランク低いため、評点はより低くなる傾向にある。

　改定前の測定方法との比較では、今回の改定に用いたCB造設計規準による標準壁量は
RC造スラブを基本に設定されているため、屋根がより軽量の木造の場合には、建物重量の
違いを考慮する改定前の測定方法に対して、本測定方法による評点の方が低目に算定される
ことになる。しかし、耐力度測定方法の対象建物がRC造スラブを原則としており、屋根が
木造の場合などには建物全体の一体性に疑問があり、その耐震性について懸念されるため、
標準壁量を満たさないこのような建物の評価が低目となることはそれほど不合理ではないと
考えられる。

(d)　新耐震設計法の建物の取り扱い

　現行の耐震基準（新耐震設計法）に従って建てられた建物については、概ね現行のCB造
設計規準に対する適合性が確保されており、これまでの地震被害状況から当該建物には所要
の耐震性能が備わっていると考え、後述する構造耐力上の問題点等がなければ壁量の算定を
実施することなく、水平耐力 q の評価を満点とする。また、偏心率 R_e、臥梁・スラブの構
造 m の評点についても満点としてよい。ただし、次項に示すコンクリートブロック強度に
ついては劣化状況などを予備調査で判断し、強度が低いことが予想される場合には強度測定
を行い、その結果を評価に反映する。

　なお、改修により建築後の状態に変化があり構造耐力などが設計時の想定とは異なると
考えられる場合については、現状を反映した壁量等の算定を行い、その結果に基づき評価す
る。

(2)　コンクリートブロック強度

(b)　コンクリートブロック強度：α

　コンクリートブロック強度の評点はコンクリートブロックの圧縮強度 f_B と種別標準
圧縮強度 f_N との比 α より求める。

$$\alpha = f_B / f_N \quad \cdots\cdots\cdots\cdots\cdots\cdots\cdots\cdots\cdots\cdots\cdots\cdots\cdots\cdots\cdots\cdots\cdots(3)$$

ここで、　f_B：コンクリートブロックの圧縮強度（N/mm²）

　　　　　f_N：種別標準圧縮強度で表2による（N/mm²）

判別式　　$1.0 \leqq \alpha$　　$\cdots\cdots\cdots\cdots\cdots$　1.0

　　　　　$0.5 < \alpha < 1.0$　$\cdots\cdots\cdots\cdots\cdots$　直線補間

　　　　　　$\alpha \leqq 0.5$　$\cdots\cdots\cdots\cdots\cdots$　0.5

表2 種別標準圧縮強度 f_N

建築年	コンクリートブロック種別	f_N (N/mm²)
1980 年 (昭和 55 年) 以　前	旧 A 種	2.5
	旧 B 種	3.9
	旧 C 種	5.9
1981 年 (昭和 56 年) 以　降	A 種	4.0
	B 種	6.0
	C 種	8.0

　本項は、コンクリートブロック単体の強度がその種別に応じた標準強度に達していない場合に、保有耐力に関わる評点を低減する目的で定められたものである。表2に示した種別標準圧縮強度は全断面圧縮強度であり、旧 A〜旧 C 種については昭和 30 年版の JIS 規格値を SI 単位に換算した強度、A〜C 種については平成 22 年版 JIS 規格の強度（平成 12 年版から改正なし）としている。なお、表2の旧 A〜旧 C 種は昭和 54 年の JIS 規格改正以前のブロックが対象となるが、設計図書や施工記録等によって使用ブロックが何年版の JIS 規格品であるかが特定できない場合は、表2に示した建築年で区別してよい。

　コンクリートブロック強度の測定は、次の手順で行うことができる。

1) 予備調査として、先端の鋭いハンマーで打診・はつり調査あるいはリバウンドハンマー（シュミットハンマー）による試験を行う。

2) 極端に品質が悪い、すなわち、軽い打診でぼろぼろに崩れる、あるいは、シュミットハンマー試験による反発値が極端に低いなどの結果が出なければ、調査を打ち切ってもよい。

　ただし、この場合には評点は満点とする。

3) 予備調査の結果、強度が低いことが予想される場合には、ブロック単体を建物より採取して、圧縮試験を行い、評点を再評価することができる。

(a)　リバウンドハンマー（シュミットハンマー）による試験

　コンクリートブロックについても、シュミットハンマー試験の反発値と圧縮強度との間には相関関係があることが認められている。しかしながら、それらの関係式については、条件により必ずしも一定ではないようなので、本測定方法では予備調査にのみ用いることとしている。参考のために、シュミットハンマー反発値 R と圧縮強度 f_B との関係を調べた例を2例、図 4.2(a) 及び (b) に示しておく。

　なお、打撃点数は各測定箇所ごとに 20 点を標準とし、原則として図 4.3 に示したようにウェブシェルの位置とする。

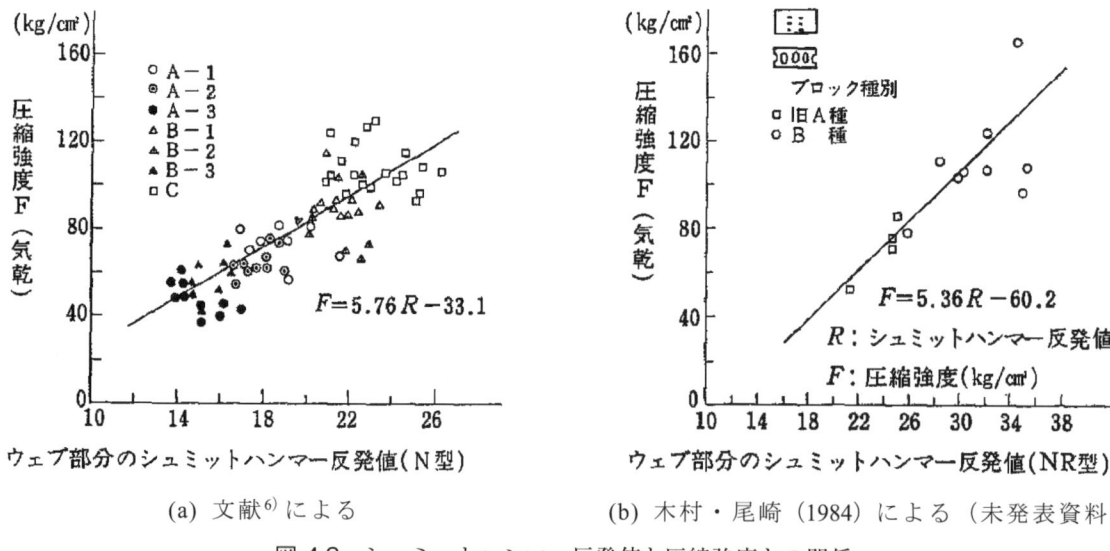

(a) 文献6)による　　　　　　　(b) 木村・尾崎（1984）による（未発表資料）

図4.2 シュミットハンマー反発値と圧縮強度との関係

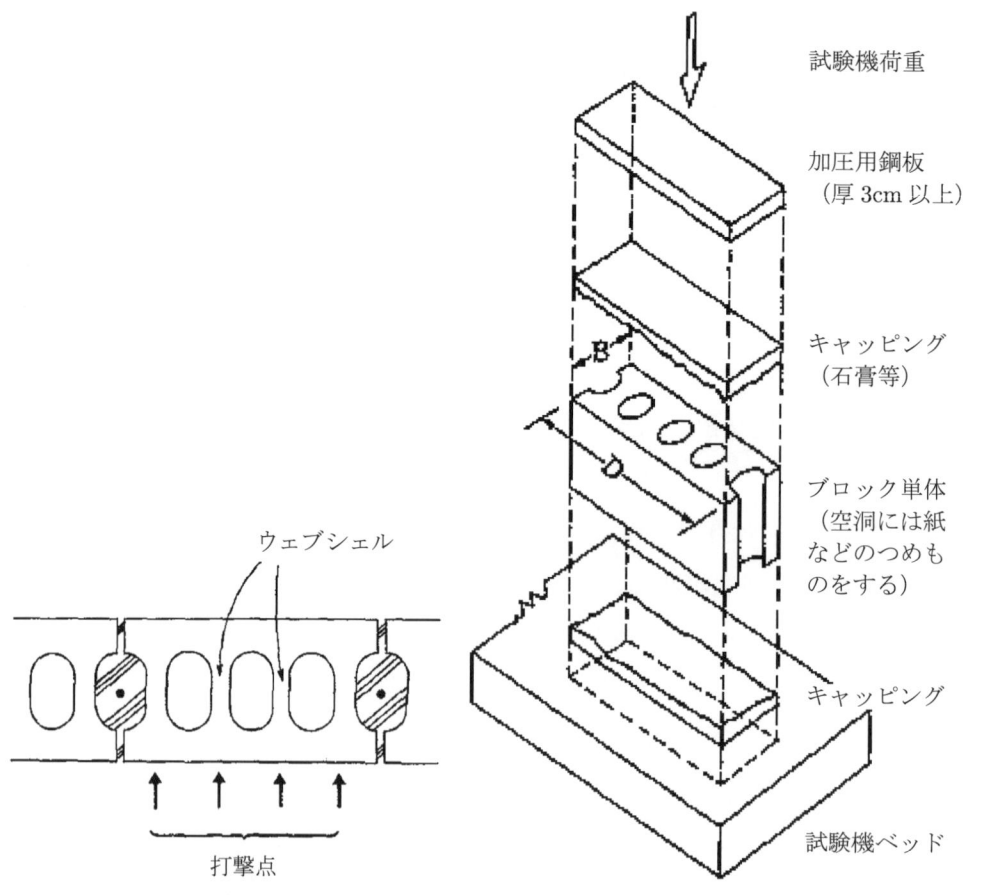

図4.3 コンクリートブロックの打撃点　　図4.4 コンクリートブロック単体の試験方法

(b) コンクリートブロックの単体試験

　単体試験に際しては、同一建設年度ごとに3個のコンクリートブロックを建物の妻壁など構造体の強度低下に与える影響の少ない部分より採取し、図4.4の要領で圧縮試験機により試験する。採取あとは、すみやかに、セメントまたはコンクリートにより補修する。

(3) 偏心率

(c) 偏心率：R_e

建物の地上部分について、各階の張間・桁行方向について偏心率R_e（重心と剛心（各階の水平方向の変形に対する剛さの中心）との偏心距離eの弾力半径γ_eに対する割合）を式(4)によって算出し、保有耐力が最小となる階について評価する。

$$R_e = e/\gamma_e \cdots\cdots\cdots\cdots\cdots\cdots\cdots\cdots\cdots\cdots\cdots\cdots\cdots\cdots(4)$$

ここで、　e：各階の構造耐力上主要な部分が支える固定荷重及び積載荷重（建築基準法施行令第86条第2項ただし書の規定によって特定行政庁が指定する多雪区域にあっては、固定荷重、積載荷重及び積雪荷重）の重心と当該各階の剛心をそれぞれ同一水平面に投影させて結ぶ線を計算しようとする方向と直交する平面に投影させた線の長さ（mm）

　　　　　γ_e：各階の剛心のまわりのねじり剛性の数値を当該各階の計算しようとする方向の水平剛性の数値で除した数値の平方根（mm）

判別式　　　　　　$R_e \leqq 0.15$ $\cdots\cdots\cdots\cdots$ 1.0

　　　　　　$0.15 < R_e < 0.3$ $\cdots\cdots\cdots\cdots$ 直線補間

　　　　　　$0.3 \leqq R_e$ 　　　$\cdots\cdots\cdots\cdots$ 0.7

なお、水平耐力の算定において、式(1)によるq_Xまたはq_Yの値が1.5以上である場合、当該方向の偏心率R_eの算定を省略し、R_eをゼロと見なして評価する。

また、耐力壁の配置がほぼ対称であるなど明らかに壁配置のバランスがよい場合にも当該方向の偏心率R_eの算定を省略し、R_eをゼロと見なして評価してよい。

偏心率は、各壁の水平剛性を用いて求める。以下に、壁の曲げ変形及びせん断変形を考慮して略算する方法について示す。桁行方向の水平剛性の算定では、壁の内法高さ部分での曲げ及びせん断変形を考慮し、張間方向の水平剛性の算定では、連層壁と見なした曲げ変形と各層のせん断変形を考慮する。なお、以下では基礎の回転による変形は考慮していないが、必要に応じて基礎回転の影響を考慮して壁の水平剛性を算定してもよい。

(a) 桁行方向の水平剛性の略算法

図4.5に示す桁行方向の壁の水平剛性は、臥梁・基礎梁および腰壁部分は変形しないものとし、図4.6に示すような変形状態を仮定すれば、以下の方法で略算できる。

この壁の水平剛性をD_Wとすると、

$$Q = D_W \cdot \delta \cdots\cdots\cdots\cdots\cdots\cdots\cdots\cdots\cdots\cdots\cdots\cdots\cdots\cdots\cdots\cdots(4.1)$$

となる。

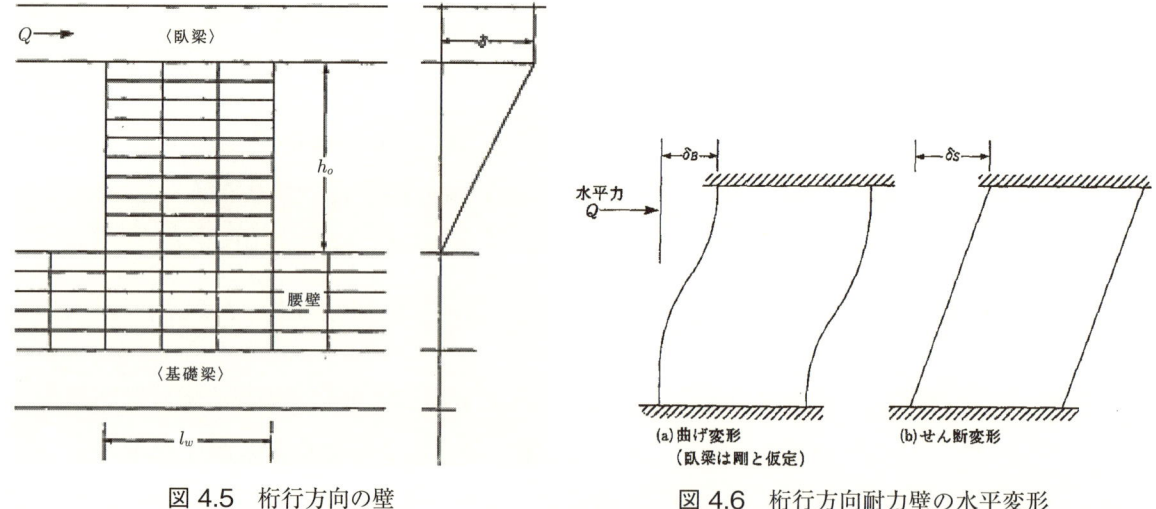

図 4.5　桁行方向の壁　　　　　　　図 4.6　桁行方向耐力壁の水平変形

　層間変位 δ は曲げ変形による変位 δ_B 及びせん断変形による変位 δ_S の和として式 (4.2) より求められる。

$$\delta = \delta_B + \delta_S = \left(\frac{h_0{}^3}{12E \cdot I} + \frac{\kappa \cdot h_0}{\beta \cdot G \cdot A} \right) \cdot Q \quad\cdots\cdots\cdots\cdots\cdots\cdots(4.2)$$

ここで、　　E：ヤング係数

　　　　　　I：断面 2 次モーメント

　　　　　　κ：せん断変形角の係数

　　　　　　β：せん断剛性低下率

　　　　　　G：せん断弾性係数（$\fallingdotseq E/2.3$）

　　　　　　A：断面積

　　　　　h_0：内法高さ

　　　　　Q：せん断力

したがって、

$$D_W = \frac{1}{\left(\dfrac{h_0{}^3}{12E \cdot I} + \dfrac{\kappa \cdot h_0}{\beta \cdot G \cdot A} \right)} \quad\cdots\cdots\cdots\cdots\cdots\cdots(4.3)$$

式 (4.3) において、$\kappa = 1.2$、$\beta = 1.0$、$G = E/2.3$ とおくと、

$$D_W = \frac{E \cdot t \cdot l_W}{h_0 \left\{ \left(\dfrac{h_0}{l_W} \right)^2 + 2.8 \right\}} \quad\cdots\cdots\cdots\cdots\cdots\cdots(4.4)$$

ここで、　　t：ブロック厚さ

　　　　　l_W：壁の長さ

　水平剛性の絶対値は式 (4.4) より求めうる。この際、ヤング係数 E としては、コンクリートのヤング係数の 1/10〜1/15 程度の値を用いてよいであろう[7, 8]。

偏心率の計算の際には、水平剛性の絶対値は必要でなく、相対的な値でよい。そこで、実際の計算では、$E = 1.0$ とし、さらに当該階のブロック厚が同一であれば t も 1.0 として、h_0、l_W だけから算定される相対剛性（D_W 値）を用いることができる。

(b) 張間方向の水平剛性の略算法

張間方向についても、桁行方向の場合と同様に、次のように計算できる。

$$D_W = \frac{Q}{\delta_B + \delta_S} \quad\dots\dots\dots\dots\dots\dots\dots\dots\dots\dots\dots\dots\dots\dots(4.5)$$

ここで、　δ_B：曲げ変形による層間変位

　　　　　δ_S：せん断変形による層間変位

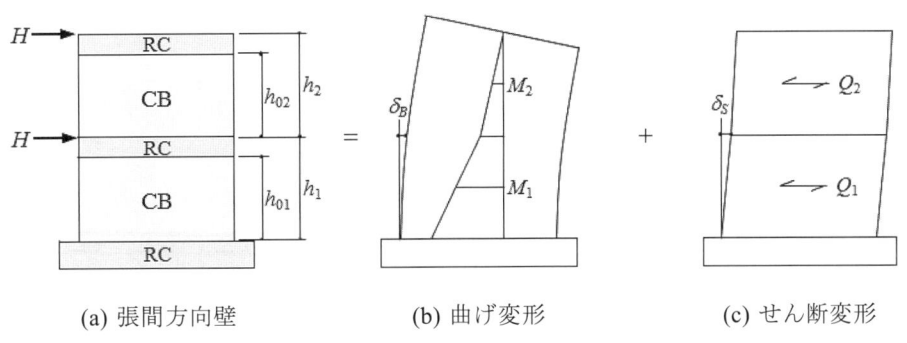

(a) 張間方向壁 　　　(b) 曲げ変形 　　　(c) せん断変形

図 4.7　張間方向耐力壁の水平変形

i) 曲げ変形による層間変位 δ_B：桁行方向の場合と異なり、図 4.7(b) に示したように連層壁として全体で変形すると仮定し、各階（n 階）の曲げ変形による層間変位 δ_{Bn} を次式で計算する[9]。

$$\delta_{Bn} = \sum_{i=1}^{n-1} \frac{M_i \cdot h_i}{E \cdot I_i} \times h_n + \frac{1}{2} \cdot \frac{M_n \cdot h_n{}^2}{E \cdot I_n} \quad\dots\dots\dots\dots\dots\dots\dots\dots(4.6)$$

ここで、　M_i、M_n：i 階及び n 階の平均曲げモーメント（階高中央レベルの曲げモーメント）

ii) せん断変形による層間変位 δ_S：桁行方向と同様に、ブロック壁部分のせん断変形による層間変位 δ_{Sn} を次式で計算する。

$$\delta_{Sn} = \frac{\kappa \cdot Q_n \cdot h_{0n}}{\beta \cdot G \cdot A_n} \quad\dots\dots\dots\dots\dots\dots\dots\dots\dots\dots\dots\dots\dots(4.7)$$

ここで、　Q_n：n 階の層せん断力

したがって、

$$D_{Wn} = \frac{Q_n}{\left(\displaystyle\sum_{i=1}^{n-1} \frac{M_i \cdot h_i}{E \cdot I_i} \times h_n + \frac{M_n \cdot h_n{}^2}{2E \cdot I_n} + \frac{\kappa \cdot Q_n \cdot h_{0n}}{\beta \cdot G \cdot A_n} \right)} \quad\dots\dots\dots\dots(4.8)$$

式 (4.8) において、$\kappa = 1.2$、$\beta = 1.0$、$G = E/2.3$ とおくと、

$$D_{Wn} = \frac{E \cdot t \cdot l_W \cdot Q_n}{\dfrac{h_n}{l_w{}^2}\left(\displaystyle\sum_{i=1}^{n-1} 12M_i \cdot h_i + 6M_n \cdot h_n\right) + 2.8Q_n \cdot h_{0n}} \quad\cdots\cdots\cdots\cdots\cdots\cdots(4.9)$$

　式 (4.9) において、水平力が等分布で、壁長 l_{Wi}、壁厚 t_i、階高 h_i 及びブロック部高さ h_{0i} が各階で等しく、それぞれ l_W、t、h、h_0 としたときの各階 D_W の略算式を表 4.2 に建物階数ごとに示す。実際の計算では、表 4.2 の略算式において桁行方向と同様に $E = 1.0$、$t = 1.0$ として、l_W、h、h_0 だけから算定される相対剛性（D_W 値）を用いることができる。

表 4.2　張間方向水平剛性 D_W 略算式一覧

階		略算式
3階建	3	$D_{W3} = \dfrac{E \cdot t \cdot l_W}{81 \times \dfrac{h^3}{l_W{}^2} + 2.8 \times h_0}$
	2	$D_{W2} = \dfrac{E \cdot t \cdot l_W}{33 \times \dfrac{h^3}{l_W{}^2} + 2.8 \times h_0}$
	1	$D_{W1} = \dfrac{E \cdot t \cdot l_W}{9 \times \dfrac{h^3}{l_W{}^2} + 2.8 \times h_0}$
2階建	2	$D_{W2} = \dfrac{E \cdot t \cdot l_W}{27 \times \dfrac{h^3}{l_W{}^2} + 2.8 \times h_0}$
	1	$D_{W1} = \dfrac{E \cdot t \cdot l_W}{6 \times \dfrac{h^3}{l_W{}^2} + 2.8 \times h_0}$
平屋	1	$D_{W1} = \dfrac{E \cdot t \cdot l_W}{3 \times \dfrac{h^3}{l_W{}^2} + 2.8 \times h_0}$

(4)　臥梁・スラブの構造

> (d)　臥梁・スラブの構造：m
>
> 　m は式 (5) により計算する。
>
> $$m = m_1 \times m_2 \quad\cdots\cdots\cdots\cdots\cdots\cdots\cdots\cdots\cdots\cdots\cdots\cdots\cdots\cdots(5)$$
>
> ここで、　m_1：保有耐力が最小となる階の直上の臥梁の構造・寸法が日本建築学会補
> 　　　　　　　強コンクリートブロック造設計規準（2006）の規定を満足する場合に
> 　　　　　　　は、$m_1 = 1.0$ とし、それ以外の場合には、$m_1 = 0.9$ とする
> 　　　　　　m_2：保有耐力が最小となる階の分割面積が表 3 を満たす場合には、$m_2 = $

1.0、それ以外の場合には $m_2 = 0.9$ とする

表3　分割面積

対象階の直上の床または屋根の構造	分割面積
鉄筋コンクリート造（剛なプレキャスト鉄筋コンクリート造を含む）のスラブの場合	$60\,\mathrm{m}^2$ 以下
軟弱地盤以外に建つ2階建て以下の建築物の屋根で木造など鉄筋コンクリート造以外の場合	$45\,\mathrm{m}^2$ 以下

判別式　　$m = 1.0$……………1.0

$m = 0.9$……………0.9

$m = 0.81$…………0.8

通常、CB造の場合には、構造計画上の制約により高さ方向の剛性の分布はかなり均一で、かつ、全体としての剛性はかなり確保されていると判断されるが、臥梁の大きさが適切でない場合、あるいは、床スラブがRC造でない場合や耐力壁の配置間隔が広すぎる場合には、全体としての剛性の低下あるいは剛性の不均一による保有耐力の低下を招くことから、本項目が設けられている。

保有耐力が最小となる階の臥梁の構造・寸法が、以下に示す日本建築学会補強コンクリートブロック造設計規準（2006）の「10条　臥梁の構造」の規定を満足する場合は、$m_1 = 1.0$、満足しない場合は、$m_1 = 0.9$ とする。

保有耐力が最小となる階において、複数の耐力壁と臥梁（または布基礎）からなる構面によって分割される面積（分割面積）が表3を満たす場合には、$m_2 = 1.0$、それ以外の場合には $m_2 = 0.9$ とする。なお、図4.8に示すように分割面積は必ずしも部屋の区画と一致する必要はなく、構造的に構面によって分割される面積としてよいが、このときX、Y方向ともそれぞれ2構面のうち少なくとも1構面には耐力壁が配置されるように分割する必要がある。

また、2階建て建築物の2階床が木造の場合や、軟弱地盤に建つ2階建て以下の建築物で最上階の屋根が木造の場合など、表3に示す床または屋根の構造に該当しない場合には、分割面積にかかわらず $m_2 = 0.9$ とする。

10条　臥梁の構造（日本建築学会「補強コンクリートブロック造設計規準（2006）」[5]より抜粋）

1. 各階の耐力壁の頂部には、各耐力壁が構面を形成するように鉄筋コンクリート造の臥梁を連続して配置する。ただし、平屋でその壁頂に鉄筋コンクリート造の屋根スラブを接着する場合は、臥梁を設けないことができる。

2. 臥梁の断面は鉛直荷重および水平荷重による応力に対して安全であるように定める。ただし、臥梁の幅は、これに接する耐力壁の厚さ以上、せいは厚さの1.5倍以上、かつ

300 mm 以上（平屋では 250 mm 以上）とする。

3. 鉄筋コンクリート造または剛なプレキャスト鉄筋コンクリート造の床スラブまたは屋根スラブのない場合の臥梁は、前記各項によるほか、面外方向の水平荷重に対して安全であるよう、次の各号による。

⑴ 臥梁の有効な幅 B は、その構面の水平支点間距離の 1/20 以上かつ 200 mm 以上とする。

⑵ 前号の有効な幅は、臥梁に接する厚さ 150 mm 以上（平屋では 120 mm 以上）のフランジ部分を含むことができる〔図1参照〕。

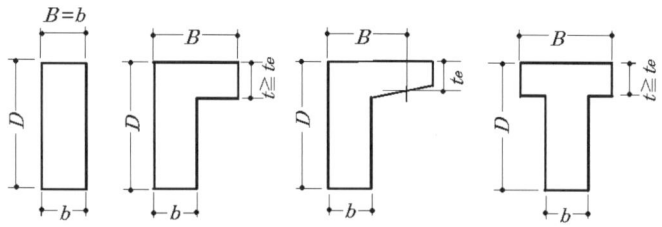

B：臥梁の有効な幅　　t：フランジ厚さ
b：臥梁の幅　　t_e：150mm（平屋では 120mm）以上
D：臥梁のせい

図1　臥梁の有効な幅

4. 小屋組、小梁などからの集中荷重は臥梁部分で支える。臥梁のない個所に大きい集中荷重がかかる場合は、臥梁に準ずる鉄筋コンクリート造の支持材を配置して、その荷重を下部の耐力壁に分散する構造とする。

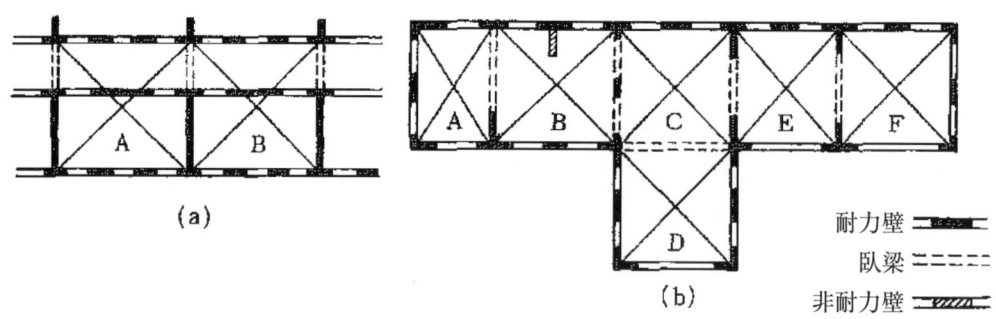

図 4.8　構面による分割面積の取り方[5]

4.1.2　基 礎 構 造

② 基礎構造：β

当該建物の基礎及び敷地地盤について、建築年が異なるごとに基礎構造の地震被害に関する指標 β を式 (6) により算出して評価する。

$$\beta = u \cdot p \quad\quad\quad (6)$$

ここで、 u： 当該基礎の種類に応じた下記の値

  木杭基礎 ……………………………0.8

  RC 杭、ペデスタル杭基礎…………0.9

  上記以外の基礎……………………1.0

 p： 基礎の被害予測に関する下記の項目のうち、該当する最小の値とする。

  液状化が予想される地域である……0.8

  基礎梁せいの規定を満足しない……0.9

  上記に該当しない場合………………1.0

判別式　　1.0 $\leqq \beta$ または測定しない場合 …………1.0

　　　　　0.64 $< \beta <$ 1.0　　　　　………直線補間

　　　　　$\beta \leqq$ 0.64　　　　　　………0.64

建築の基礎は建物に作用する荷重及び外力を安全に地盤に伝え、かつ、地盤の沈下または変形に対して安全とすべきものであり、近年の地震によっても基礎の損傷に起因するとみられる RC 造校舎の沈下被害が発生しており、その重要性は高い。なお、最初に本項目が設けられたのは、新潟地震の被災経験からであり、今回の改定においては、平成 7 年兵庫県南部地震による被害経験を踏まえて取りまとめられた下記の「基礎の被害が予測される建物の条件」[10]及び平成 7 年兵庫県南部地震におけるコンクリートブロック造建築物の被害事例[3]を参考にして式 (6) 中の p を設定した。

当該敷地における液状化の可能性については、各自治体等から発行される液状化マップが一つの判断基準となる。また、当該敷地の地盤調査結果から液状化判定を行うのも一つの方法と考えられる。PL 値による液状化判定を行う場合には、想定される地震動で PL 値が 5 を超えるときに液状化が予想されると判定する。

基礎梁せいの規定とは、以下に示す日本建築学会補強コンクリートブロック造設計規準 (2006) における「13 条　基礎の構造」の 3 に規定されているものである。

13 条　基礎の構造（日本建築学会「補強コンクリートブロック造設計規準 (2006)」[5]より抜粋）

3. 布基礎または基礎つなぎ梁のせいは、軒の高さの 1/12 以上で、かつ 600 mm（平屋では 450 mm）以上とする。

基礎構造に問題がある場合には、改修により改善することが困難であり、建物を支える根幹部分を評価する重要な項目であり、今回の改定において他の項目の見直しの関係からも、本項目の配点は 30 点と高くしてある。

4.2 健 全 度

4.2.1 健全度測定の考え方

　健全度の測定は、対象建物が建築時以降に老朽化した度合を調べ、構造体の劣化を調査するものである。入念に設計、施工された種々の利点をもつCB造建物も建てられてから年数が経過するにつれ次第に老朽化が進行する。

　建物は自然現象や継続的使用により劣化し、偶発的な地震や暴風、火災や爆発などによっても損傷を受ける。このように建物の経年的な劣化は、人為的、自然的、偶発的な要因が複雑に組み合わさって進行する。

　この調査は老朽化した公立学校施設を建て替える事業の施策を判断するための一つの方法としており、鉄筋腐食が進行したもの、躯体の状態が健全でないCB造校舎で、一般に改修等により躯体の健全度を回復させることが難しいものを対象として想定している。このため、健全度の測定項目における鉄筋腐食度やひび割れなど構造躯体の劣化について配点を大きくすることで、改築とする施策へ誘導できるよう必然的に耐力度点数が低く算定される仕組みとしている。

4.2.2 健全度測定項目と配点の考え方

　CB造建物の一般的な経年劣化は、

　目地モルタルの中性化 → 水（塩分）の侵入 → 充てんコンクリートの中性化

　　　　　→ 鉄筋の発錆、膨張 → 目地モルタル、充てんコンクリートのひび割れ

　　　　　　　　　→ 耐力壁の耐力低下

と進行して構造耐力が減少していく。ひび割れの少ない目地をもつ耐力壁で充てんコンクリートの中性化によって鉄筋が発錆することは、後述するように相当の期間が必要である。しかしながら施工時における欠陥、不同沈下、地盤振動、火災、凍害などにより、コンクリートブロック本体、縦横目地部などにひび割れが生じた場合、その部分に空気や水分が進入して目地モルタル、充てんコンクリートの中性化が進行し、鉄筋をさびさせる。一度鉄筋が発錆するとさびの膨張力により、充てんコンクリート、目地モルタルにひび割れが生じ、その部分から水分が進入し、よりさびの成長が早くなってひび割れが拡大していく。ひび割れと鉄筋の発錆は劣化を互いに助長し、悪循環を繰り返し、局部的な劣化が建物全体に及ぶ。したがって、CB造建物の耐力度測定方法では、直接構造耐力に影響を及ぼす下記の9項目で健全度を測定することにした。

　　　　　①経年変化

　　　　　②コンクリート中性化深さ及び鉄筋かぶり厚さ

　　　　　　(a)コンクリート中性化深さ

⒝鉄筋かぶり厚さ

③充てんコンクリート中性化深さ及び鉄筋かぶり厚さ

⒜充てんコンクリート中性化深さ

⒝鉄筋かぶり厚さ

④鉄筋腐食度

⑤ひび割れ

⑥不同沈下量

⑦たわみ量

⑧構造使用材料

⑨火災による疲弊度

次に、CB 造建物の劣化を総合的に評価するために、上記 9 項目について次のような考え方で配点を行った。

① 経年変化

CB 造建物を構成する各部材の経年劣化は、前述のように各要因で異なり、新築以降の経過年数では一義的に評価できないが、一般的に建物の劣化は経年に比例すると考えられている。また、公立学校施設においては長寿命化改良事業により、築 40 年程度を目途に建物の性能を回復し長寿命化を図る工事を実施することが推奨されている。したがって、本測定方法では40 年でいったん点数がゼロとなり、長寿命化改良により新築時の 75% 程度まで点数が回復する組立てとした本項では、他の調査項目で顕在化しない劣化の程度も評価するため、健全度の項目では最も配点の高い 25 点とした。

② コンクリート中性化深さ及び鉄筋かぶり厚さ

⒜ コンクリート中性化深さ

CB 造建物における鉄筋コンクリート部材（基礎梁、臥梁）は、コンクリートブロックを積み上げて造った組積耐力壁を一体的構造とするための重要な役割をもっている。これら鉄筋コンクリート部材の寿命は、コンクリートの中性化による影響が大きい。コンクリートは化学的にその組成から強いアルカリ性で鉄筋を保護している。しかし、前述のように空気中の炭酸ガスの浸透によって、経過年数と共にコンクリートの表面から中性化が進行して鉄筋の発錆の原因となる。したがって、健全度を支配する一つの要因であるが、コンクリートの中性化が直ちに鉄筋さびを生じさせるものではなく、①で評価する経過年数に支配されることも考慮して配点を 5 点とした。

⒝ 鉄筋かぶり厚さ

かぶり厚さは耐久性のみならず耐火性をも支配するものであるが、①経年変化、②⒜コンクリートの中性化深さでも考慮しているので配点を 10 点とした。

③　充てんコンクリート中性化深さ及び鉄筋かぶり厚さ

　(a)　充てんコンクリート中性化深さ

　　コンクリートブロック空洞部に充てんされるコンクリート、モルタルは、ブロック相互を密着するばかりでなく空洞部に配置されている鉄筋を保護している。この充てんコンクリートの中性化は、②(a)コンクリートの中性化深さでも述べたようにブロック耐力壁鉄筋の発錆原因となるが、①経年変化でも考慮しているので配点を5点とした。

　(b)　鉄筋かぶり厚さ

　　コンクリートブロック空洞部に配置される鉄筋のかぶり厚さは、②(b)鉄筋かぶり厚さで述べたように、耐久性、耐火性を支配するものであるが、①経年変化、③(a)充てんコンクリートの中性化深さでも考慮しているので配点を10点とした。

④　鉄筋腐食度

　CB造建物の損傷は、終局的には鉄筋のさびの膨張力による被覆コンクリートの剥落、ブロック壁体目地のひび割れとなって現れ、鉄筋コンクリート部材やブロック壁体の耐力が著しく低下することにある。健全度を支配する要因としては高い要因であるが、他の項目と重複する点も考慮して配点を10点とした。

⑤　ひび割れ

　コンクリートに生じるひび割れには、コンクリート打設に起因する種々のひび割れと、外力による構造的ひび割れがある。同様にブロック壁体に生じるひび割れにも、ブロック組積時に起因する種々のひび割れと、外力による構造的ひび割れがある。ひび割れが増大すると構造耐力が著しく低下する。また、その部分から空気、水分が浸入して中性化や発錆の原因となる。健全度を支配する要因としては高い要因であるが、CB造建物は健全なものでも年数が経過すればひび割れは避けられないこと、実際の建物では仕上材のためにひび割れの測定は部分的にならざるを得ないこと、などを考慮して配点を10点とした。

⑥　不同沈下量

　不同沈下は基礎地盤の異常によって生じる。CB造建物は、S造建物に較べて重量も大きく変形性能も小さい。不同沈下によって上部構造に生じる応力は極めて大きいが、その応力は内部応力であって、構造体の終局強度には影響を及ぼさないとも考えられる。しかし、過大な不同沈下が生じると使用上の障害を起こし、常時に構造ひび割れの発生が予測されるので、その配点を10点とした。

⑦　たわみ量

　CB造建物の臥梁及び床スラブには、コンクリートブロック壁体の面内の変形を拘束する鉛

直方向の曲げ剛性と地震力を各壁相互に伝達する水平剛性が必要である。健全度を支配する要因としては高い要因であるが、たわみにより生じるひび割れはⒷ—⑤ひび割れ、水平剛性については⒜—①(d)臥梁・スラブの構造でも考慮しているので配点を5点とした。

⑧　構造使用材料

　ブロック種別及びコンクリート圧縮強度の測定項目は、旧手法では構造耐力の測定項目であったが、コンクリートブロックの種別は、圧縮強さだけでなく劣化のしやすさとも関係があるため、健全度で評価するように再整理した。圧縮強さは、構造耐力の測定でブロック種別に応じた壁量の規定が考慮されている。健全度の調査項目では、ブロック種別によるセメントの使用量の相違や軽量骨材の使用等を考慮し、劣化のしやすさを評価するという観点で健全度の測定項目として評価する。また、コンクリート圧縮強度は、構造性能と直接的に関係する。したがって、コンクリートブロック強度と同様、本測定項目は構造耐力の中にあるべきとも考えられるが、今回の改定により水平耐力が壁量計算により行われることとなったため、コンクリート強度は計算上、構造耐力と関係がないこととなった。このため、コンクリートブロック強度は壁量に対するブロック強度の影響を補正するという観点で構造耐力に残し、コンクリート強度はその劣化度合が建築物の健全性や劣化度と密接に関係することを考慮し健全度へ移動することとした。本項目は、構造躯体の劣化度に直接的に影響するため、配点は10点とした。

　以上の項目によって健全度を総合的に評価し、火災を受けた建物は⑨でその被災状況に応じた疲弊度を乗じて健全度を低減することにしている。

4.2.3　経　年　変　化

①　経年変化：T
　当該建物の耐力度測定時における建築時からの経過年数、または長寿命化改良事業を行った時点からの経過年数に応じて経年変化Tを式(7)により計算する。
　(a)　建築後、長寿命化改良事業実施前
　　当該建物の耐力度測定時における、建築時からの経過年数tに応じて、経年変化Tを下式により計算する。ただし、Tがゼロ以下の場合は、$T = 0$とする。

$$T = (40 - t)/40 \quad \cdots\cdots\cdots\cdots\cdots\cdots\cdots\cdots\cdots\cdots\cdots(7)$$

ここで、　t：建築時からの経過年数
　(b)　長寿命化改良事業実施後
　　当該建物の耐力度測定時における、長寿命化改良事業を行った時点からの経過年数t_2に応じて、経年変化Tを式(8)により計算する。ただし、Tがゼロ以下の場合は、

$T = 0$ とする。

$$T = (30 - t_2)/40 \cdots\cdots\cdots\cdots\cdots\cdots\cdots\cdots\cdots\cdots\cdots\cdots\cdots\cdots\cdots\cdots\cdots\cdots\cdots(8)$$

ここで、　t_2：長寿命化改良事業実施後の経過年数

　建物の経年に伴い、構造躯体や仕上材、設備を含む機能性は次第に劣化していく。経年に伴う構造躯体の劣化、具体的には鉄筋の腐食、及びこれに影響を及ぼすコンクリートの中性化、躯体のひび割れなどの変質・変状は、健全度の測定項目として実態調査に基づき評価される仕組みとなっている。このため、ここでの経年変化の評価は構造耐力の低下に結びつくような構造躯体の劣化ではなく、むしろ仕上材、設備を含む機能性の劣化を中心に評価する。

　評点は長寿命化改良事業の補助制度が「建築後40年以上経過した建物で、今後30年以上使用する予定にあること」を踏まえ、以下のように評価する（図4.9参照）。

　建築後40年が経過するまでは仕上材、設備を含む機能性の劣化が一様に進むと考える。また、事業の補助制度の観点から、建築後40年以上経過した建物は施策を決める岐路となることを踏まえ、経年変化 T をゼロとして評価する。

　長寿命化改良事業を実施された場合、建物としての性能は向上するものの建築後40年以上経過しており完全に新築時の性能まで回復することは困難であることから、長寿命化改良事業により新築時の75％まで回復するものとする。長寿命化改良事業の実施後は、その後30年以上の建物継続利用を想定して改修が行われるため、その後30年を経過すると経年変化 T が再びゼロとなるものとして評価する。

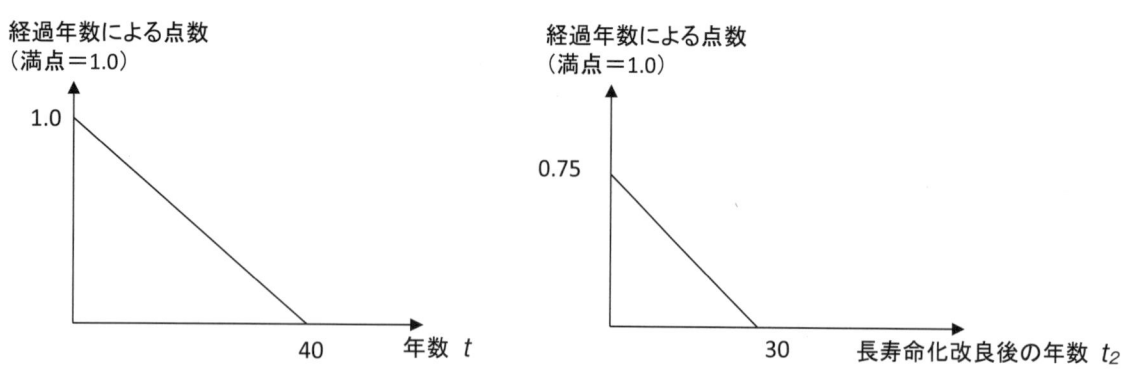

（a）長寿命化改良実施前の経過年数による点数　（b）長寿命化改良実施後の経過年数による点数

図4.9　経過年数に応じた経年変化の考え方

4.2.4 コンクリート中性化深さ及び鉄筋かぶり厚さ

(1) コンクリート中性化深さ

> ② コンクリート中性化深さ及び鉄筋かぶり厚さ
>
> (a) コンクリート中性化深さ：a
>
> 当該建物の臥梁2箇所、基礎梁2箇所以上について測定を行い、その平均値を中性化深さ a とする。中性化の測定方法は以下による。
>
> はつり面に、フェノールフタレイン1%アルコール溶液を噴霧し、赤紫色に着色しない部分の最大深さ（a_i cm）を測定する（図2参照）。
>
> a：実測した中性化深さの平均値
>
> 判別式　　　　　$a \leqq 1.5$ cm ……………1.0
>
> 　　　　　1.5 cm $< a < 3$　cm ……………直線補間
>
> 　　　　　3　cm $\leqq a$　　……………0.5
>
> ただし、基礎梁については測定値より1.0 cm減じた値を使用する。

コンクリートの中性化は、一般的に、空気中の炭酸ガスとコンクリートに含有されている水酸化カルシウムとの化学反応によって生ずる現象である。この反応は常温において進行し、空気中では表面から順次中性化が内部に進行する。その化学式は、

$$Ca(OH)_2 + CO_2 \rightarrow CaCO_3 + H_2O$$

であり、硬化したコンクリートは、表面から炭酸ガスの作用を受けて徐々に水酸化カルシウムが炭酸カルシウムになっていく。これらを見分ける方法は、コンクリートのはつり面にフェノールフタレイン1%アルコール溶液を噴霧すると炭酸塩化した部分は全然着色しないが、アルカリ部は赤紫色に着色することで見分けることができる[11]。

中性化深さ a_i（cm）ははつり面において一様ではないが、最大深さを採ることとした。

1箇所の測定値が他に比べて大きく異なるなど、異常な値（例えば測定値が4.5 cmを越えるなど）となった場合は、別の箇所を調査することが望ましい。ただし、調査することが難しい場合は4.5 cmを最大とする。

また、中性化深さの一般的な理論式では $a = 0.37\sqrt{t}$ から $t = 16$ 年で $a \fallingdotseq 1.5$ cm、$t = 64$ 年で $a \fallingdotseq 3$ cm である。ただし、実際の中性化深さは、コンクリートの密実度、仕上材の有無、室内か室外かなど、様々な条件で大きく変化するが、上記の値を参考にして判別式を定めた。

基礎梁については、建築基準法施行令でかぶり厚さが4 cm以上と規定されていることを考慮して測定値より1 cm減じた値を採用することとした。

なお、当該建物に梁、フープをもつ柱がある場合は、梁を臥梁1箇所、柱を基礎梁1箇所、と読み替えてもよい。

(2) 鉄筋かぶり厚さ

(b) 鉄筋かぶり厚さ：b

前記②―(a)のコンクリート中性化深さの測定を行った臥梁2箇所、基礎梁2箇所以上について鉄筋かぶり厚さを測定し、その平均値を鉄筋かぶり厚さbとする。

鉄筋かぶり厚さの測定方法は以下による。

仕上材を除いたコンクリート躯体表面から、あばら筋の外側までの垂直距離（b_i cm）を測定する（図2参照）。

b：実測した鉄筋かぶり厚さの平均値

判別式　　　3　cm $\leqq b$　　　　……………1.0

　　　　　　1.5 cm $< b <$ 3　cm…………直線補間

　　　　　　　　$b \leqq$ 1.5 cm…………0.5

ただし、基礎梁については測定値より1.0 cm減じた値を使用する。

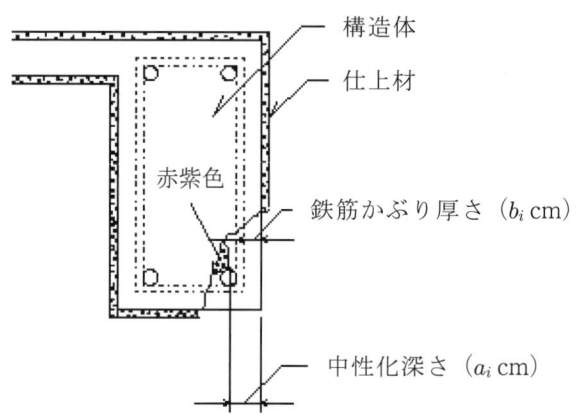

図2　コンクリート中性化深さ及び鉄筋かぶり厚さの測定

前記の評点は、中性化深さa（cm）と鉄筋のかぶり厚さをb（cm）との関係から定めてもよいように思われよう。しかし、かぶり厚さは耐久性のみならず耐火性をも支配するものであるから、bについてはaと独立に判定することにした。

建築基準法施行令には、臥梁のかぶり厚さは3 cm以上、基礎梁のかぶり厚さは4 cm以上という規定があることを考慮して、基礎梁については測定値より1 cm減じた値を使用することにした。

なお、臥梁や基礎梁の一部をはつってかぶりが非常に大きいことが判明したとき、そのまま安心してはいられない。コンクリート打ちのとき鉄筋かごが全体に片寄っていることも考えられるので、部材の反対側もはつってみて、表裏いずれか小さい値をかぶり厚さb_i（cm）として用いる。

4.2.5 充てんコンクリート中性化深さ及び鉄筋かぶり厚さ

(1) 充てんコンクリート中性化深さ

---

③ 充てんコンクリート中性化深さ及び鉄筋かぶり厚さ

　(a) 充てんコンクリート中性化深さ：a'

　当該建物のコンクリートブロック壁縦目地、横目地部充てんコンクリートについて、それぞれ2箇所以上のコンクリート中性化状態を調べ、表4によって状態に応じたランクを求め、その平均値を中性化深さ a' により評価する。

　中性化の測定方法は、②—(a)と同様に行う（図3参照）。

表4 充てんコンクリートの中性化のランク

充てんコンクリートの中性化状態	中性化のランク
中性化がほとんど認められない	1
中性化深さが1.0 cm 未満である	2
中性化深さが1.0 cm 以上2.0 cm 未満である	3
中性化深さが2.0 cm 以上である	4
充てんコンクリートが全て中性化している	5
充てんコンクリートが認められない[※1]	6

※1　鉄筋が挿入されている目地空洞部に限る。なお、充てんコンクリートが認められないとは、空隙部を有し鉄筋が被覆されていない状態が認められた場合も含む。

　評価は表5による。

　　a'：各部材ランク値の相加平均

表5 充てんコンクリートの中性化の評価

a'	評価
1	1.0
1より大きく2以下	0.9
2　〃　3　〃	0.8
3　〃　4　〃	0.7
4　〃　5　〃	0.5
ランク6が含まれる場合	0.3

　コンクリートの中性化については、4.2.4(1)で述べた。コンクリートブロック壁体縦横目地空洞部充てんコンクリートの中性化深さ a'_i (cm) は、はつり面において一様ではないが、最大値を採ることとした。

　鉄筋のかぶり厚さは2 cm 以上確保されていることを前提として中性化深さのランク付けを

行った（表4）。実際の中性化深さは、コンクリートブロックの空洞部の大きさ、コンクリートの密実度、仕上材の有無、室内、室外、ひび割れなどいろいろな条件で大きく変化するが上記の値を参考にしてランクを定めた。なお、鉄筋が挿入されていない目地空洞部の充てんコンクリートは評価しない。

(2)　鉄筋かぶり厚さ

(b)　鉄筋かぶり厚さ：b'

　前記③—(a)の充てんコンクリート中性化深さの測定を行ったコンクリートブロック壁縦目地部2箇所以上、横目地部2箇所以上の鉄筋かぶり厚さの状態を調べ（図3参照）、表6によって状態に応じたランクを求め、その平均値 b' により評価する。

　鉄筋かぶり厚さの測定方法は、②—(b)と同様に行う（図3参照）。

表6　充てんコンクリート部の鉄筋かぶり厚さのランク

鉄筋かぶり厚さの状態	かぶり厚さのランク
かぶり厚さが2.0cm以上である	1
かぶり厚さが1.5cm以上2.0cm未満である	2
かぶり厚さが1.0cm以上1.5cm未満である	3
かぶり厚さが1.0cm未満である	4
鉄筋がブロックに接している	5
充てんコンクリートまたは鉄筋が認められない[※2]	6

※2　充てんコンクリートが認められないとは、空隙部を有し、鉄筋が被覆されていない状態が認められた場合も含む。鉄筋が認められないとは、鉄筋が挿入されていなければならない目地空洞部に鉄筋が認められない場合。

　評価は表7による。

　　b'：各部材ランク値の相加平均

表7　充てんコンクリートの中性化の評価

b'	評価
1	1.0
1より大きく2以下	0.9
2　〃　　3　〃	0.8
3　〃　　4　〃	0.7
4　〃　　5　〃	0.5
ランク6が含まれる場合	0.3

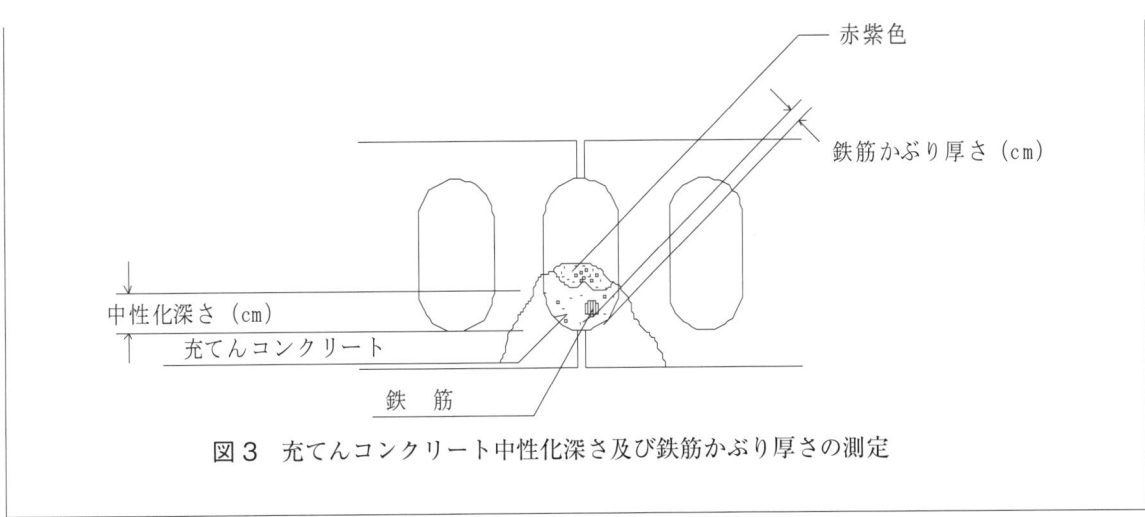

図3　充てんコンクリート中性化深さ及び鉄筋かぶり厚さの測定

　鉄筋かぶり厚さについては、4.2.4⑵で述べた。日本建築学会補強コンクリートブロック造
設計規準（2006）には耐力壁のかぶり厚さは、2 cm 以上という規定があり、この値を考慮し
て鉄筋かぶり厚さのランク付けを行った（表6）。また、鉄筋の台直し部分、空洞部内での継
手部分も評価してよい。

4.2.6　鉄筋腐食度

④　鉄筋腐食度：F

　前記②—⒝及び③—⒝の鉄筋かぶり厚さの測定を行った臥梁、基礎梁、コンクリート
ブロック壁縦目地、横目地部についてそれぞれ2箇所以上、鉄筋の腐食状態を調べ、表8
によって状態に応じたランクを求め、その平均値 F によって評価する。

表8　発錆のランク

鉄筋の発錆状態	発錆のランク
さびがほとんど認められない	1
部分的に点食を認める	2
大部分が赤さびにおおわれている	3
亀裂、打継ぎなどに局所的な断面欠損がある	4
層状さびの膨張力によりかぶりコンクリートを持ち上げている 断面が全体的に欠損している	5
鉄筋が認められない [※3]	6

※3　鉄筋が認められないとは、鉄筋が挿入されていなければならない目地空洞部に鉄筋
　　が認められない場合。

評価は表9による。

　　　F：各部材ランク値の相加平均

表 9　鉄筋腐食度の評価

F	評価
1	1.0
1 より大きく 2 以下	0.9
2 〃 3 〃	0.8
3 〃 4 〃	0.7
4 〃 5 〃	0.5
ランク 6 が含まれる場合	0.3

　コンクリートは硬化直後は強いアルカリ性を有しているが、前述のように経年的に pH 値が低下し、弱いアルカリ性となり中性となる。コンクリートの中性化は鉄筋の発錆の要因となり、鉄筋の発錆は、鉄筋断面の不足による引張強度の低下、付着力の低下、ひび割れによるコンクリート強度の低下など、CB 造建物の耐力に大きな影響を与える。したがって、鉄筋の発錆状態を 5 つのランクに細分して、状態に応じたランクの相加平均値 F によって評価することとした。

4.2.7　ひ び 割 れ

⑤　ひび割れ：C

　ひび割れは、コンクリート部材及びコンクリートブロック壁体のひび割れに基づき、式 (9) によって得られる、C により評価する。

$$C = c \text{ または } c' \text{ のいずれか大きい方の値} \quad\cdots\cdots\cdots\cdots\cdots\cdots\cdots (9)$$

ここで、　c：コンクリート部材のひび割れランク値の平均値で下記(a)による

　　　　　c'：コンクリートブロック壁体のひび割れランク値の平均値で下記(b)による

評価は表 10 による。

表 10　ひび割れの評価

C	評価
1	1.0
1 より大きく 2 以下	0.9
2 〃 3 〃	0.8
3 〃 4 〃	0.7
4 〃 5 〃	0.5

(a) コンクリート部材のひび割れ：c

当該建物の代表的な1スパンを取り出し、そこに含まれている臥梁、基礎梁または床について構造ひび割れの測定を行い、表11によって状態に応じたランク値を定め、その平均値cを求める。

なお、仕上げモルタル等の単なる収縮亀裂を評価しないように留意する。

表11 コンクリート部材のひび割れのランク

部材ごとのひび割れの状態	ランク
ひび割れがほとんど認められない	1
部分的にヘアークラックが認められる	2
ヘアークラックがかなりある、または、幅0.3 mm 未満のひび割れが部分的に認められる	3
幅0.3 mm 未満のひび割れがかなりある、または、幅1.0 mm 未満のひび割れが部分的に認められる	4
幅1.0 mm 未満のひび割れがかなりある、または、幅1.0 mm 以上のひび割れが認められる	5

(b) コンクリートブロック壁体のひび割れ：c'

当該建物の代表的なコンクリートブロック壁2箇所以上について、ひび割れの測定を行い、表12によって状態に応じたランクを定め、その平均値c'を求める。

表12 コンクリートブロック壁体のひび割れのランク

部材ごとのひび割れの状態	ランク
ひび割れがほとんど認められない	1
目地に部分的にヘアークラックが認められる	2
目地に幅0.3 mm 未満のひび割れが認められる 目地にヘアークラックが両面に認められる	3
目地に幅0.3 mm 未満のひび割れがかなりあるか、幅1.0 mm 未満のひび割れが部分的に認められる 目地に幅0.3 mm 未満のひび割れが両面に認められる ブロックに局所的にひび割れがあるか欠けが認められる	4
目地に幅1.0 mm 未満のひび割れがかなりあるか、幅1.0 mm 以上のひび割れが認められる ブロックにひび割れが発生している	5

コンクリート部材では、測定の対象となるひび割れは構造体に生じているひび割れであり、建物全体についてひび割れの分布図を作成することが望ましいが、実際にはごく部分的な測定になることが多いことから、1スパンの架構を取り出し、そこに含まれている基礎梁または臥梁、床について測定することにした。

床のない場合は基礎梁、臥梁の測定値をとる。ヘアークラック程度のひび割れは、ひび割れ

のない部分の空隙と大差ないと考えられるが、それより大きなひび割れはより早く中性化及び鉄筋の腐食が進行する。したがって、ひび割れの状態を5ランクとして、その相加平均値を c とする。また、当該建物に梁、フープをもつ柱がある場合は、臥梁を梁に、基礎梁を柱に読み替えて測定してよい。

　一方、コンクリートブロック壁体は目地モルタルにより組積されており、目地に少しでもひび割れが生じていると、目地から雨水が浸透して目地モルタルは硬化収縮を繰り返す。特にコンクリートブロックが吸水すると、ブロックも硬化収縮してますます目地ひび割れは増大する。このようなひび割れは、CB造建物の耐力に大きな影響を与えるばかりでなく、断熱性の低下、結露現象など居住性にも影響を与える。したがって、測定の対象とするひび割れを壁とし、ひび割れの状態を5ランクとしてその相加平均値を c' とする。

　ひび割れの評価 C は、c または c' のいずれか大きい方の値で評価する。

4.2.8　不同沈下量

---

⑥　不同沈下量：ϕ

　各階の張間・桁行両方向について沈下量測定を行い、相対沈下量の最大値により評価する。

　なお、測定マークは構造体に設定することを原則とするが、それが困難な場合は構造体より1mの範囲内に設定する（例えば窓台等）。

$$\phi = \varepsilon/l \quad \cdots\cdots\cdots\cdots\cdots\cdots\cdots\cdots\cdots\cdots\cdots\cdots\cdots\cdots\cdots\cdots\cdots(10)$$

ここで、　ε：各方向の隣り合う壁体間の相対沈下量（cm）

　　　　　l：隣り合う壁体間の距離（cm）

判別式　　　　　$\phi \leqq 1/500$ または測定しない場合 $\cdots\cdots\cdots\cdots$ 1.0

　　　$1/500 < \phi < 1/200$ 　　　　　$\cdots\cdots\cdots\cdots$ 直線補間

　　　$1/200 \leqq \phi$ 　　　　　　　　$\cdots\cdots\cdots\cdots$ 0.5

　全体に等しい沈下が建物に生じた（不同沈下のない）場合は、外部との取合い、設備、配管類に障害を生じることはあるが、構造耐力にはそれ程影響を与えない。それに対して不同沈下が生じた場合は、構造的障害や床の傾斜などの機能的障害が生じやすい。

　不同沈下によって発生するひび割れの例を図4.10に示す。正方形のコンクリートブロック壁体が (a) のようにその左端で不同沈下すると (b) のような応力が生じ、(c) のようなひび割れが生じる。

　すなわち、不同沈下によるひび割れは、沈下の少ない部分から沈下の大きい部分に向かって斜め上方を指す方向に生じる。このことから、実際の壁面に生じているひび割れによってどの方向に大きく沈下しているかを推察することができる。

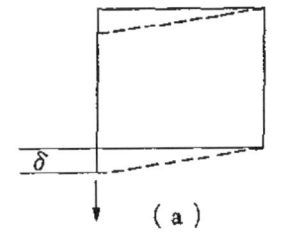 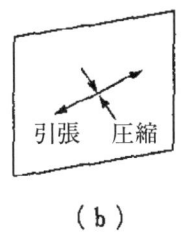 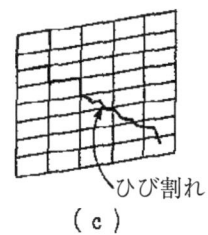

引張　圧縮

ひび割れ

（ａ）　　　　　　　　　（ｂ）　　　　　　　　　（ｃ）

図 4.10　不同沈下によって発生するひび割れの例

　躯体にひび割れを伴う不同沈下が生じていない場合は、満点を記入する。一方、著しい不同沈下、進行性不同沈下が観測された場合には別途検討する必要がある。

　測定は各階の張間・桁行両方向について 1 スパン当たりの相対沈下量を測定し、1 スパン分の部材角の最大値により評価する。

　また、サッシの開閉や排水の状況から推察されることもある。不同沈下が生じていると判断された場合には、レベルなどにより測定することとなる。測定は各階の張間・桁行両方向について 1 スパン当たりの相対沈下量を測定し、1 スパン分の部材角の最大値により評価することになっているが、計測値から各階の変形傾向や沈下量の平均値を観るなどして建物全体の変形を把握することが大切である。

4.2.9　た わ み 量

---

⑦　たわみ量：θ

　当該建物の RC 造床スラブ 1 箇所、梁 1 箇所についてたわみ量の測定を行い、たわみ角 θ の最大値により評価する。

　なお、測定マークは構造体に設定することを原則とするが、それが困難な場合は構造体より 1 m の範囲内に設定する（例えば窓台等）。

$$\theta = \delta/l \quad \cdots\cdots\cdots\cdots\cdots\cdots\cdots\cdots\cdots\cdots\cdots\cdots\cdots\cdots (11)$$

ここで、　　l：床スラブの短辺方向の長さ、または梁の長さ（cm）

　　　　　　δ：最大たわみ（cm）

判別式　　　　　$\theta \leqq 1/300$ または測定しない場合$\cdots\cdots\cdots\cdots$ 1.0

　　$1/300 < \theta < 1/200$　　　　　　$\cdots\cdots\cdots\cdots$ 直線補間

　　$1/200 \leqq \theta$　　　　　　　　　　$\cdots\cdots\cdots\cdots$ 0.5

　4.2.2 の配点の考え方の項で述べたように臥梁、床スラブの過大なたわみは、CB 造建物の耐力に大きな影響を与え、振動障害が発生することもある。

　判別式の 1/300 の数値については、日本建築学会「鉄筋コンクリート構造計算基準・同解説」に示されている「床スラブの過大たわみによる苦情発生のない場合」に対応しており、1/200 は「苦情の多い場合」に対応している。

また、当該建物が平屋などで RC 造床スラブのない場合には、評点を 1.0 とする。

4.2.10　構造使用材料

⑧　構造使用材料：M

　構造使用材料は、使用ブロックの種別、コンクリートの圧縮強度に応じた評価をそれぞれ行い、小さい方を採用する。

（a）　ブロック種別

　　使用ブロックの種別に応じて、表 13 により評価する。

表 13　ブロックの種別の評価

ブロック種別	評価
旧 A 種	0.3
旧 B 種	0.5
旧 C 種	0.8
A 種	0.5
B 種	0.8
C 種	1.0

　　ただし、A、B、C 種は昭和 54 年制定の JIS A 5406-1979 以降による区分で、それ以前の区分によるものを旧 A、旧 B、旧 C 種とする。

（b）　コンクリート圧縮強度

　　使用コンクリートの圧縮強度に応じて、表 14 により評価する。

　　臥梁、基礎梁のうち正常に施工された部分について、建築年が異なるごとに、それぞれ 2 箇所以上でコンクリート圧縮強度試験を行い、その平均値によりコンクリート強度を評価する。

　　なお、コンクリート圧縮強度はリバウンドハンマー試験による値を用いてよい。

表 14　コンクリート圧縮強度の評価

コンクリート圧縮強度（N/mm²）	評価
$18 \leqq Fc$	1.0
$13.5 < Fc < 18$	直線補間
$Fc \leqq 13.5$	0.0

　コンクリートブロックの種別は、圧縮強度だけでなく劣化のしやすさとも関係がある。また、コンクリート圧縮強度の劣化度合いは建築物の劣化度合いと密接な関係にある。

　本項目では、ブロック及びコンクリートそれぞれで点数を評価し、低い方の点数を採用することとした。ここで、ブロックの最低値を旧 A 種の場合の 0.3、コンクリートの最低値を圧縮

強度が $13.5\,\mathrm{N/mm^2}$ を下回った場合のゼロとしているが、これは、ブロックはブロック種別を評価することで「劣化のしやすさ」を評価しているのに対し、コンクリートは「設計基準強度を $18\,\mathrm{N/mm^2}$ と考えたときに実際に生じている強度の劣化」を評価しており、後者の方がより直接的に建築物の劣化を評価していると考えられるためである。

4.2.11 火災による疲弊度

⑨　火災による疲弊度：S

当該建物が耐力度測定時までに火災による被害を受けたことがある場合、その被害の程度が最も大きい階について被災面積を求め、その階の床面積に対する割合をもって評価する。

$$S = S_t/S_0 \quad\cdots\cdots\cdots\cdots\cdots\cdots\cdots\cdots\cdots\cdots\cdots\cdots\cdots\cdots\cdots\cdots\cdots (12)$$

ここで、　S_t：$S_1 + S_2 \times 0.75 + S_3 \times 0.5 + S_4 \times 0.25$（$\mathrm{m^2}$）

S_0：当該階の床面積（$\mathrm{m^2}$）

S_1、S_2、S_3、S_4：表15の被災程度により区分される床面積（$\mathrm{m^2}$）

表15　被災程度と床面積

被災床面積	被　災　程　度　の　区　分
S_1	構造体変質： 火災により非構造材が全焼し、構造体の表面がはぜ割れ等の変質をしたもの
S_2	非構造材全焼： 火災により非構造材が全焼したが、構造体は変質していないもの
S_3	非構造材半焼： 火災により非構造材が半焼したもの
S_4	煙害程度： 火災により煙害または水害程度の被害を受けたもの

判別式　　　$S = 0$ ············· 1.0

　　　　$0 < S < 1$ ············· 直線補間

　　　　$S = 1$ ············· 0.5

火災を受けたCB造建物はコンクリートまたはコンクリートブロックの内部の温度分布が不均一となり、骨材と鉄筋との膨張率の違いから付着力が低下する。図4.11によれば約200℃で付着強度は半減する。

また、火災時の温度上昇によりコンクリート内部の結晶水が蒸発して密度を減じ、多孔質となって中性化の進行が著しくなる。

調査建物が火災による被害を受けたことがある場合、その被害が最も大きい階について、被

災程度と床面積によって被災率 S を定める。内部造作が全焼して構造体の表面がはぜ割れしているような部分の面積は、100% 被災面積に算入され、火災の程度が軽微になるほど被災面積を割引いて算出する。こうして算出した被災率 S がゼロならば判定は 1.0、S が 1 ならば 0.5、中間は直線補間とする。要するに全焼なら健全度は 50% 割り引かれる。

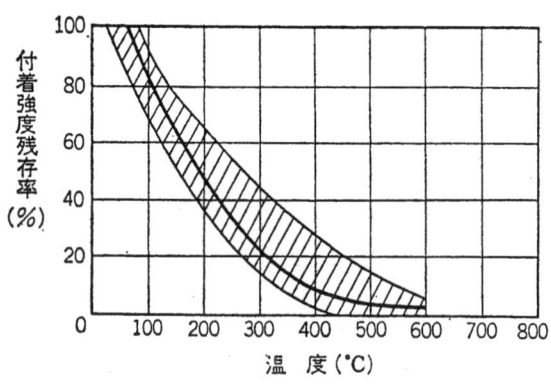

図 4.11　加熱による付着強度の低下[12]

4.3 立 地 条 件

4.3.1 地震地域係数

> ① 地震地域係数
> 　地域区分は建設省告示第1793号（最終改正：平成19年国土交通省告示597号）第1
> に基づき、該当するものを○で囲む。

入力地震動の大きさの程度を補正するための係数である。

　地域区分は建設省告示第1793号（最終改正：平成19年国土交通省告示第597号）の表に
おける(1)が一種地域、(2)が二種地域、(3)が三種地域、(4)が四種地域となる（表4.3参照）。

表4.3　対応表

耐力度調査票		建設省（国土交通省）告示	
地震地域係数		地方	数値
四種地域	1.0	(4)	0.7
三種地域	0.9	(3)	0.8
二種地域	0.85	(2)	0.9
一種地域	0.8	(1)	1.0

4.3.2 地 盤 種 別

> ② 地盤種別
> 　地盤種別は基礎下の地盤を対象とし建設省告示第1793号（最終改正：平成19年国土
> 交通省告示第597号）第2に基づき、該当するものを○で囲む。

入力地震動および地盤被害の可能性の大きさの程度を補正するための係数である。

4.3.3 敷 地 条 件

> ③ 敷地条件
> 　当該建物の敷地地盤の状況に基づき、該当するものを○で囲む。

局所的な入力地震動及び地盤被害の大きさの程度を補正するための係数であり、RC造耐力
度測定方法と同様に、RC診断基準における構造耐震判定指標の補正係数である地盤指標 G
に関する資料を参考に設定した。

　ここで「崖地」とは宅地造成等規制法施行令の第1条第2項による「地表面が水平面に対

し30度を超える角度をなす土地」のことであり、図4.12に示すように高さ5m以上の崖地の上端側に建っており、崖の下端から高さの2倍の範囲内に建物がかかっているか否か、建物の基礎一部でも盛土の上にかかっているか否かを評価する。「支持地盤が著しく傾斜した敷地」は不整形な地質構造を評価するものであり、敷地内及び敷地周辺の地盤調査結果などにより支持地盤の著しい傾斜や起伏があるか否かにより評価する。「局所的な高台」についてはいわゆる「小高い丘に建つ校舎」など「崖地」には該当しないが周辺の地盤より高く地形効果による入力地震動の増幅が懸念されるか否かにより評価する。

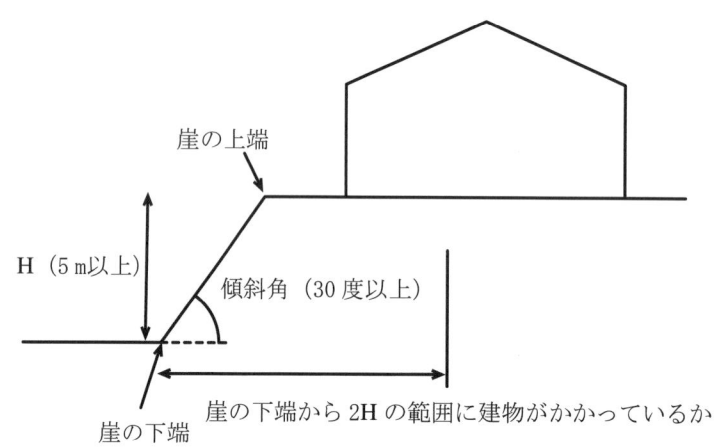

図 4.12　崖地の説明

4.3.4　積雪寒冷地域

> ④　積雪寒冷地域
>
> 　積雪寒冷地域は義務教育諸学校等の施設費の国庫負担等に関する法律施行令第7条第5項の規定に基づき、該当する地域区分を◯で囲む。

積雪や寒冷の影響による建物の劣化の程度を補正するための係数である。

4.3.5　海岸からの距離

> ⑤　海岸からの距離
> 　当該建物から海岸までの直線距離に該当する区分を◯で囲む。

海岸からの距離に基づき、塩風害の影響による建物の劣化の程度を補正するための係数である。

4.4　その他の留意事項

4.4.1　調査票の作成と添付資料

(1)　調査票

　運用細目の別表を使用する。なお、調査票は原則としてインクを用いて記載することとするが、鉛筆で記載した票を複写し調査者が署名捺印する方法も認められる。

　また、各階の平面図、断面図については 1/100 程度の縮尺で単線により表示し、柱や耐力壁は他と区別できるような太線等で記載するほか、健全度等の調査位置等所要の事項を記載する。

(2)　写真

　建物の全景及び各項目について、必ずカラー写真撮影を行い確認資料として添付する（表4.4 参照）。写真は調査票に記載するデータと内容が一致する必要がある。また、健全度にあっては写真が立証資料として不可欠なものとなるので、撮影時には必ず測定機器が写るようにし、測定値が判別できるよう心掛ける必要がある。

(3)　その他の資料

　各測定項目別の添付資料は表 4.4 により、該当するものについて作成する。

　なお、これらの資料はその資料に基づいて評点の低減等を行っているときにのみ必要である。

表4.4　添付資料

測定項目			添付書類	写真
構造耐力	保有耐力	水平耐力	設計図書あるいは構造図	
		コンクリートブロック強度（リバウンドハンマーによる計測を行った場合）	リバウンドハンマー試験実施位置図、試験記録	○
		コンクリートブロック強度（強度試験による計測を行った場合）	コンクリートブロック採取位置図、試験記録	○
		偏心率	偏心率の計算が確認可能な設計図書、計算記録等	
		臥梁・スラブの構造	設計図書あるいは構造図	
	基礎構造		設計図書、構造計算書　当該地域の液状化マップあるいはボーリングデータ等	
健全度	経年変化		施設台帳、建物登記簿、確認申請書、学校要覧	
	コンクリート中性化深さ及び鉄筋かぶり厚さ	コンクリート中性化深さ	測定位置図　塩分分析試験報告書	○
		鉄筋かぶり厚さ	測定位置図	○
	充てんコンクリート中性化深さ及び鉄筋かぶり厚さ	充てんコンクリート中性化深さ	測定位置図　塩分分析試験報告書	○
		鉄筋かぶり厚さ	測定位置図	○
	鉄筋腐食度		測定位置図	○
	ひび割れ		ひび割れ位置図、危険要因の概念図	○
	不同沈下量		沈下量測定結果図	○
	たわみ量		たわみ量測定結果図	○
	構造使用材料	コンクリート圧縮強度（リバウンドハンマーによる計測を行った場合）	リバウンドハンマー試験実施位置図	○
		コンクリート圧縮強度（その他の手法による計測を行った場合）	試験記録等	○
	火災による疲弊度		被災程度別平面図、被災記録	○
立地条件	地震地域係数		施設台帳	
	地盤種別		ボーリングデータ	
	敷地条件		敷地図	
	積雪寒冷地域		施設台帳、気象データ	
	海岸からの距離		地図（1/25,000）	
その他			建物の全景写真	○

参考文献

1) 植松武是：「ブロック造の設計規準の変遷と北海道での取り組み」、2013年度日本建築学会大会PD、既存コンクリートブロック造の地震被害と耐震診断法、2013年9月

2) 川上勝弥：「建築用コンクリートブロックの規格とその変遷」、2013年度日本建築学会大会PD、既存コンクリートブロック造の地震被害と耐震診断法、2013年9月

3) 日本建築学会：「阪神・淡路大震災調査報告　建築編—2 壁構造建築物」、1998年8月

4) 日本建築学会：「東日本大震災合同調査報告　建築編2 壁式構造・組積造」、2015年1月

5) 日本建築学会：「補強コンクリートブロック造設計規準・同解説（2006）—壁式構造関係設計規準集・同解説（メーソンリー編）」、2006年3月

6) 吉野利幸、阿部宏佑、金子正昭：「補強コンクリートブロック造の耐力診断に関する研究　その1 ブロック強度の簡易推定法について」、北海道立寒地建築研究所、1980年。

7) 岡田恒男他：「補強コンクリートブロック造平屋建校舎の水平加力実験（その1〜3）」、日本建築学会大会学術梗概集C、構造Ⅱ、1985年。

8) 岡田恒男他：「補強コンクリートブロック造2階建校舎の水平加力実験（その1〜2）」、日本建築学会大会学術梗概集C、構造Ⅱ、1985年。

9) 日本建築学会：「鉄筋コンクリート構造計算規準・同解説（1971）」

10) 田村昌仁：「建築基礎の健全性調査、修復・補強、耐震診断と耐震性能向上技術」、独立行政法人建築研究所　国際地震工学センター、2004年11月

11) 下出国雄：「建物の耐久設計・2」、日本建築学会設計計画パンフレットNo.9、1961年7月

12) 原田 有：「建築耐火構法」、工業調査会、1973年8月

第 5 章　　耐力度調査チェックリスト

耐力度調査チェックリスト

－補強コンクリートブロック造－

都道府県名		設置者名		学校名	

対象建物	棟番号		構造・階数		建築年		面積	

耐力度点数	都道府県確認者の所見		聴取済印
点			

調査者 (市町村)		確認者 (都道府県)		聴取日	年　　月　　日

※太枠の中は都道府県が記入する。
　□にはレ印を付す。

	設置者記入欄		都道府県記入欄	
	確認	該当なし	確認	該当なし

（第1　一般事項）
1．調査建物
①耐力度調査票の設置者名、学校名、建物区分、棟番号、階数、延べ面積、建築年、経過年数、被災歴及び補修歴は施設台帳等により記載されている。　□　　　　□

②経過年数は、建築年月と調査開始年月を比較し、1年に満たない場合は切り上げている。　□　　　　□

2．調査単位
①調査建物の建築年は同一である。　YES□　NO□　　YES□　NO□
　NOの場合は、調査票が別葉にされている。　□　　　□

②調査建物は構造的に一体である。　YES□　NO□　　YES□　NO□
　NOの場合は、別棟と見なし、調査票が別葉にされている。　□　　　□

3．適用範囲
①調査建物は補強コンクリートブロック造のみである。　YES□　NO□　　YES□　NO□
　NOの場合で、平面的に他の構造が併用されている場合には、それぞれの部分で耐力度調査票が作成されている。　□　　　□

②一般的な長方形型の建物である。
（特殊建物（多角形建物など）ではない。）　YES□　NO□　　YES□　NO□
　NOの場合は、専門家の鑑定により耐力度調査が行われている。　□　　　□

4．端数整理
①耐力度調査点数の有効桁数は所定の方法で記入されている。　□　　　　□

5．再調査
①当該建物は、初調査である。　YES□　NO□　　YES□　NO□
　NOの場合は、調査してから年数が経過したので、経過年数が見直されている。長寿命化改修が行われている場合は、改修時点からの経年変化が評価されている。　□　　　□

	設置者記入欄		都道府県記入欄	
	確認	該当なし	確認	該当なし

6．添付資料

①図面、写真、ボーリングデータ、その他必要資料が報告書に添付されている。　□　□

7．配置図、平面図、断面図

①設計図書の形状・寸法、用途区分が施設台帳と照合されている。　□　□

8．建物全景写真

①各面が把握できる写真が報告書に添付されている。　□　□

9．構造図

①建築時の設計図書、あるいは実測により作成されている。　□　□

②建築時の設計図書（伏図、軸組図、柱・梁リスト）と実物は、同様である。

　　　　　　YES　NO　　　YES　NO
　　　　　　□　　□　　　□　　□

　NOの場合は、実測値をもとに構造図が作成されている。　□◂─┘　□◂─┘

10．基本的な考え方

①未測定の項目は、満点評価されている。　□　□

②必ず測定しなければならない項目は全て測定されている。　□　□

11．調査者

①調査者は1級建築士である。　□　□

（第2　構造耐力）

1．保有耐力・基礎構造

①耐力壁の端部、L型・T型の取合部または開口部の周囲が現場内コンクリート及び補強筋により補強されている。

　　　　　　YES　NO　　　YES　NO
　　　　　　□　　□　　　□　　□

　NOの場合は、q_X、q_Yの値が80%に低減されている。　□◂─┘　□◂─┘

②qの値はq_X、q_Yの値のいずれか小さい方を採用している。　□　□

③打診等の手法を用いたコンクリートブロック強度の予備調査が行われている。　□　□

④昭和55年以前に設計された建築物の場合、コンクリートブロック種別は旧A〜C種の値を採用している。

　　　　　　YES　NO　　　YES　NO
　　　　　　□　　□　　　□　　□

　NOの場合は、設計図書や施工記録等から何年版のJIS規格品であるかが特定されている。　□◂─┘　□◂─┘

⑤q_X、q_Yの値はいずれも1.0以上である。

　　　　　　YES　NO　　　YES　NO
　　　　　　□　　□　　　□　　□

　NOの場合は、q_iの値が1.0を下回る方向の偏心率が算定されている。　□◂─┘　□◂─┘

（第3　健全度）

1．経年変化

①長寿命化改良事業未実施の建物である。

　　　　　　YES　NO　　　YES　NO
　　　　　　□　　□　　　□　　□

　NOの場合は、t_2を用いた式により評価がなされている。　□◂─┘　□◂─┘

2．コンクリート中性化深さ、鉄筋かぶり厚さ

①各項目の数値、寸法を添付の資料等で確認した。　□　□

②中性化深さ、かぶり厚さに仕上げ材の厚さ（打放し仕上げの増打ち分）を含めないで測定されている。　□　□

	設置者記入欄		都道府県記入欄	
	確認	該当なし	確認	該当なし

③中性化深さの各測定点の値は、4.5cm以下である。　☐　☐

④かぶり厚さは、3.0cm未満である。　YES ☐　NO ☐　YES ☐　NO ☐

　　NOの場合で、測定値が異常に大きい箇所は、部材の反対側も調査し、いずれか小さい方の値が採用されている。　☐　☐

　3．充てんコンクリートの中性化深さ及びかぶり厚さ、鉄筋腐食度、ひび割れ

①縦目地及び横目地部の充てんコンクリートについて、それぞれ2か所以上の中性化状態が調査されている。　☐　☐

②モルタルに生じた収縮亀裂ではなく主要構造体のひび割れが測定されている。　☐　☐

③クラックスケール等でひび割れの幅が確認されている。　☐　☐

　4．不同沈下量・たわみ量・構造使用材料

①不同沈下の測定は、省略している。　YES ☐　NO ☐　YES ☐　NO ☐

　　NOの場合は、ひび割れと不同沈下の関連性、進行の恐れの有無について確認されている。　☐　☐

　5．火災による疲弊度

①火災による疲弊度は、満点評価されている。　YES ☐　NO ☐　YES ☐　NO ☐

　　NOの場合は、被災の程度が記入されている。（被災率S：　　　　）　☐　☐

　（第4　立地条件）

　1．地震地域係数

①地震地域係数は、建設省告示第1793号（最終改正：平成19年国土交通省告示第597号）第1と整合がとれている。　☐　☐

　2．地盤種別

①地盤種別は、基礎下の地盤を対象に建設省告示第1793号（最終改正：平成19年国土交通省告示第597号）第2に基づいて区分している。　☐　☐

　3．敷地条件

①崖地に該当しない。　YES ☐　NO ☐　YES ☐　NO ☐

　　NOの場合は、崖地の定義「地表面が水平面に対し30度を超える角度をなす土地」に該当することを、敷地図あるいは実測により確認している。　☐　☐

　4．積雪寒冷地域

①積雪寒冷地域は、義務教育諸学校等の施設費の国庫負担等に関する法律施行令第7条第5項の規定に基づいている。　☐　☐

　5．海岸からの距離

①海岸線までの距離は、地図で確認されている。　☐　☐

第 6 章　　耐力度簡略調査票

本耐力度簡略調査は、下記の条件を全て満たす場合に限り使用することができる。

・耐震診断が実施されておらず、診断結果を利用した耐力度調査ができない。

・延べ床面積が 200 m² 未満の小規模建物である。

補強コンクリートブロック造の建物の耐力度簡略調査票

（表面）

IV 学校種別	V 整理番号		
III 結果 種別	点数	耐力度	
Ⓐ 構造耐力			点
Ⓑ 健全度			点
Ⓒ 立地条件			点
			A×B×C

I 調査学校

都道府県名	設置者名	学校名	学校調査番号

II 調査建物

建物区分	棟番号	階 数	面積
		＋	一階面積　　m² 延べ面積　　m²

建物の経過年数：建築 年月／長寿命化年月／経過 年数 年

補修歴：補修 年月／内容／補修 年月

被災歴：種類／被災 年

調査期間：平成　年　月　日　～　平成　年　月　日

調査者：職名／氏名（一級建築士登録番号）㊞

予備調査者：会社名／氏名（一級建築士登録番号）㊞

Ⓐ 構造耐力

(a) 階 | 方向

⑦ 耐力壁厚さ t(mm)／ブロック種別／構造使用材料 M／耐力壁長さ Σl(mm)

ブロック種別	旧A種	旧B種	旧C種	A種	B種	C種
標準壁量 L_N(mm/m²)	0.3	0.5	0.8	0.5	0.8	1.0

壁量 L(mm/m²)／床面積 A(m²)／方向別水平耐力／qxまたはqyの最小値

判別式：当該値の最小値

⑧

程度	構造体	非構造材	非構造材	煙害程度
	変 S_1	全焼 S_2	半焼 S_3	S_4

被災床面積

評価後被災面積 S_t：　$S_t = S_1 + S_2 \times 0.75 + S_3 \times 0.5 + S_4 \times 0.25 =$

火災による弊度 S　被災率 $S = S_t / S_0$

当該階の床面積 S_0

判別式	
S=0	1.0
0<S<1	直線補間
S=1	0.5

評点	
⑦	評点 ㋠ ㋡（㋠×10）点
⑧	評点 ㋢ 点
評点合計 Ⓑ	

Ⓒ 立地条件

① 地震地域係数
四種地域	1.0
三種地域	0.9
二種地域	0.85
一種地域	0.8

② 地盤種別
一種地盤	1.0
二種地盤	0.9
三種地盤	0.8

③ 敷地条件
平坦地	1.0
崖地	0.9
支持地盤が著しく傾斜した敷地	0.9
局所的な高台	0.8

④ 積雪寒冷地域
その他地域	1.0
二級積雪寒冷地域	0.9
一級積雪寒冷地域	0.8

⑤ 海岸からの距離
海岸から8kmを超える	1.0
海岸から8km以内	0.9
海岸から5km以内	0.8

評価 Ⓒ $= \dfrac{① + ② + ③ + ④ + ⑤}{5} = \dfrac{ + + + + }{5} =$

（裏面）

1. 調査建物の各階の平面図、断面図を単線で図示し、耐力壁は、他と区別できるような太線とする。

2. 寸法線と寸法（単位メートル）を記入する。

3. 平面図に、鉄筋腐食度の測定位置を記入する。

4. 余白に縮尺、建築年、延べ面積を記入する。

学 校 名	調 査 者 の 意 見

補強コンクリートブロック造の建物の耐力度簡略調査票

（表面）

I 調査学校

都道府県名		学校名		学校調査番号		調査	調査年月日～平成 年 月 日
調査学校区分	設置者名		棟番号			調査者 職名・氏名	会社名
						予備調査者	一級建築士登録番号 一級建築士登録番号

II 調査建物

階数	面積	建物の経過年数	被災・補修歴
階 数 ＋	一階床面積 ㎡ 延べ面積 ㎡	建築 年 月 長寿命化年月 経過年数 年	被災 種類 年 補修 内容 年 経過年数 年

III 結果

	結果	点数
Ⓐ	構造力 点	耐 力 度 Ⓐ×Ⓑ×Ⓒ
Ⓑ	健全度 度	
Ⓒ	立地条件 点	

IV 学校種別 　　V 整理番号

Ⓐ 構造耐力

評点合計 Ⓐ＝⑦＋⑭ 点

(a) ① 水平耐力 q（保有水平耐力）

階	方向	耐力壁厚さ t(mm)	耐力壁長さ ΣL'(mm)	床面積 A(㎡)	壁量 L'₁(mm/㎡)	標準壁量 L_N(mm/㎡)	方向別水平耐力	qx または qy の最小値	評点 ⑦
	桁行 X						qx	q=	
	張間 Y						qy		

判別式
	判別 式	
1.0≦q	1.0	直線補間
0.5<q<1.0	直線補間	
q≦0.5	0.5	

評点 ⑦＝(⑭×70) 点

(b) ② 偏心率 Re（弾力半径 γe）

偏心距離 e	弾力半径 γe	Re＝e/γe	Reの最大値	評価 ⑨
桁行方向 X	桁行方向 X	桁行方向 Y		
張間方向 Y	張間方向 Y	張間方向 X		

判別式
	判別 式	
Re≦0.15	1.0	直線補間
0.15<Re<0.3	直線補間	
0.3≦Re	0.7	

評点 ⑦＝
(⑨×⑨×⑦×⑨)
0.3以下はFとし0.3とする

(c) 臥梁・スラブの構造 m

	臥梁寸法 m₁	スラブ(屋根) m₂	m=m₁×m₂	評価 ⑦
規定を満足	1	1	m=m₁×m₂	
規定を満足しない	0.9	0.9	m=1.0 → 1.0	
			m=0.9 → 0.9	
			m=0.81 → 0.81	

評価 ⑦：該当値の最小値

② 基礎構造 β

	独立基礎・その他杭・不明	RC杭・ベデスタル杭	木杭	評点 ⑭
	1.0	0.9	0.8	⑭＝(⑭×30) 点

Ⓑ 健全度

評点合計 ⑰=(⑰＋⑰＋⑰＋⑰＋⑰＋⑰) 点

⑯＝⑰＋⑰＋⑰＋⑰
　　　　＋⑰＋⑰

Ⓑ＝(⑯×⑯) 点

① 経年変化 T

経過年数 t 　年　判別式（建築時からの経過年数） T=(40−t)/40 =
a = 0.37√t　t：建築時からの経過年数

判別式（長寿命化改良後の経過年数） 経過年数 t₂ 　年　T=(30−t₂)/40 =

評価 ⑦ ⑦＝(⑦×25) 点

② コンクリート中性化深さ a

	判別 式	評価
a≦1.5cm	1.0	直線補間
1.5cm<a<3cm	直線補間	
3cm≦a	0.5	

評点 ⑦＝(⑦×15) 点

③ 鉄筋腐食度 F

部位	柱・梁	壁	床	
ランク			最低ランク	評価

判別式
		評 価
	1	1
	2	0.75
	3	0.5

評点 ⑦＝(⑦×10) 点

④ ひび割れ C

部位	柱・梁	壁	床	
ランク			最低ランク	評価

判別式
		評 価
	1	1
	2	0.75
	3	0.5

評点 ⑦＝(⑭×15) 点

⑤ 不同沈下量 φ

部位	内・外壁	基礎梁及び基礎立上がり		
ランク		基礎梁及び基礎立上がり	最低ランク	評価

判別式
		評 価
	1	1
	2	0.75
	3	0.5

評点 ⑦＝(⑦×15) 点

⑥ たわみ量 θ

	ランク
	1 2 3

判別式
		評 価
	1	1
	2	0.75
	3	0.5

評点 ⑦＝(⑦×10) 点

⑦ 構造使用材料 M

ブロック種別	旧A種	旧B種	旧C種	A種	B種	C種
	0.3	0.5	0.8	0.5	0.8	1.0

判別式：当該値の最小値

評点 ⑦＝(⑦×10) 点

⑧ 火災による疲弊度 S

程度	構造体 変質	非構造材 全 焼	非構造材 半 焼	煙害程度
被災床面積	S₁	S₂	S₃	S₄
評価床面積 被災 S_t				
	S=S_t/S₀		当該階の床面積 S₀	被災率 S S=S_t/S₀

判別式
		評 価
S=0		1.0
0<S<1		直線補間
S=1		0.5

S_t=S_1+S_2×0.75+S_3×0.5+S_4×0.25 =

評点 ⑦＝(⑦×10) 点

Ⓒ 立地条件

Ⓒ＝(①＋②＋③＋④＋⑤) / 5

評価 点
＋＋＋＋＋ / 5

① 地震地域係数

四種地域	三種地域	二種地域	一種地域
1.0	0.9	0.85	0.8

② 地盤種別

一種地盤	二種地盤	三種地盤
1.0	0.9	0.8

③ 敷地条件

平坦地	崖	局所的な高台
1.0	0.9	0.9

支持地盤が著しく傾斜した敷地

④ 積雪寒冷地域

その他地域	二級積雪寒冷地域	一級積雪寒冷地域
1.0	0.9	0.8

⑤ 海岸からの距離

海岸から8kmを超える	海岸から5〜8km以内	海岸から5km以内
1.0	0.9	0.8

（裏面）

1. 調査建物の各階の平面図、断面図を単線で図示し、耐力壁は、他と区別できるような太線とする。

2. 寸法線と寸法（単位メートル）を記入する。

3. 平面図に、鉄筋腐食度の測定位置を記入する。

4. 余白に縮尺、建築年、延べ面積を記入する。

第 7 章　　耐力度簡略調査票付属説明書

7.1　測 定 方 法

　耐力度簡略調査は、「第6章　耐力度簡略調査票」によることとし、その実施に当たっては次頁以降の事項に留意する。また、次頁以降の留意事項以外については、原則として「公立学校建物の耐力度調査説明書」によるものとする。

7.2　構　造　耐　力

ア　偏心率：Re

　計算を行わない場合は満点とする。

イ　基礎構造：β

　地業種別のみの判定とする。

7.3　健　全　度

ア　コンクリート中性化深さ：a

　理論式（$a = 0.37\sqrt{t}$）を採用し、コンクリート中性化深さのみの評価とする。ここに、t：建築時からの経過年数である。

$$a \leqq 1.5\,\text{cm}\cdots\cdots\cdots\cdots 1.0$$
$$1.5\,\text{cm} < a < 3\ \ \text{cm}\cdots\cdots\cdots 直線補間$$
$$3\ \ \text{cm} \leqq a \qquad\cdots\cdots\cdots\cdots 0.5$$

イ　鉄筋腐食度：F

　部位ごとにコンクリート表面の状況により評価し、最低ランクの値を採用する。

ランク 1：特に問題ない。	1.0
ランク 2：さび汁が見られる。	0.75
ランク 3：鉄筋が露出しているか、膨張性発錆している。	0.5
測定部位：柱・梁、壁、床	

ウ　ひび割れ：C

　部位ごとにひび割れのランクを評価し、最低ランクの値を採用する。

ランク 1：ひび割れがほとんど認められない。	1.0
ランク 2：ヘアークラックがかなりあるか、 　　　　　1 mm 未満のひび割れが認められる。	0.75
ランク 3：1 mm 以上のひび割れが認められる。	0.5
測定部位：柱・梁、壁、床	

エ　不同沈下：ϕ

　部位ごとのひび割れ状況によりランクを評価し、最低ランクの値を採用する。

ランク 1：不同沈下によるひび割れがほとんど認められない。	1.0
ランク 2：不同沈下によるヘアークラックがかなりあるか、 　　　　　1 mm 未満のひび割れが認められる。	0.75
ランク 3：1 mm 以上のひび割れが認められる。	0.5
測定箇所：内・外壁、基礎梁・基礎立上り	

オ　たわみ量：θ

　床の揺れ方により評価する。

ランク 1：特に揺れは感じられない。	1.0

ランク2：大人が30 cm程度跳び上がると揺れを感じる。　　　　0.75

ランク3：普通に歩行していて揺れを感じる。　　　　　　　　0.5

測定箇所：床2階以上のRC造床

カ　構造使用材料：M

　設計図書の記述により評価する。ただし、不明の場合は原則満点とするが、表1に示す建築年代、階数、ブロック表面の劣化状態により判断してもよい。

表1　建築年代、階数、表面劣化状態によるブロック種別の推定

コンクリートブロック表面の劣化状態	建物建築年代及び階数					
	1980年（昭和55年）以前			1981年（昭和56年）以降		
	平屋	2階建	3階建	平屋	2階建	3階建
特に問題ない	旧B種	旧B種	旧C種	B種	B種	C種
表面のはがれが認められる	旧A種			A種	A種	

第8章　　耐力度簡略調査チェックリスト

耐力度簡略調査チェックリスト

－補強コンクリートブロック造－

都道府県名		設置者名		学校名	

対象建物	棟番号		構造・階数		建築年		面積	

耐力度点数	都道府県確認者の所見	聴取済印
点		

調査者 (市町村)		確認者 (都道府県)		聴取日	年　　月　　日

※太枠の中は都道府県が記入する。
　　□にはレ印を付す。

設置者記入欄　　都道府県記入欄
確認　該当なし　　確認　該当なし

（第1　一般事項）
１．適用範囲
①本調査を行う場合は、当該建物が以下の条件を全て満たすことが確認
　されている。
　　・屋内運動場の付属建物や部屋などの小規模建物（200 ㎡未満）であ
　　　る。
　　・建物の傾斜等、明らかな異常が認められる建物である。　　　　　□　　　　　□
②耐力度簡略調査票説明書に記載されていない項目については、耐力度
　調査説明書によっている。　　　　　　　　　　　　　　　　　　　　□　　　　　□

（第2　構造耐力・健全度）
１．構造耐力
①耐力壁の端部、L 型・T 型の取合部または開口部の周囲が現場内コン
　クリート及び補強筋により補強されている。　　　　　YES　　NO　　YES　　NO
　　NOの場合は、q_X、q_Y の値が80％に低減されている。
②qの値はq_X、q_Y の値のいずれか小さい方を採用している。　　　　□　　　　　□
③偏心率について、計算が行われている。　　　　　　　YES　　NO　　YES　　NO
　　NOの場合は、満点とされている。
④基礎構造は地業種別により評価されている。　　　　　□　　　　　□
２．健全度
①コンクリート中性化深さは、理論式（$a=0.37\sqrt{t}$）で評価されている。　□　　　　　□
②鉄筋腐食度は、柱・梁、壁、床のコンクリート表面の状況により評価
　されている。　　　　　　　　　　　　　　　　　　　　　　　　　　□　　　　　□
③ひび割れは、内・外壁、基礎梁・基礎立上がりの状況により評価され
　ている。　　　　　　　　　　　　　　　　　　　　　　　　　　　　□　　　　　□
④不同沈下は、内・外壁、基礎梁・基礎立上がりのひび割れの状況によ
　り評価されている。　　　　　　　　　　　　　　　　　　　　　　　□　　　　　□
⑤たわみ量は、床の揺れ方により評価されている。　　　　　　　　　□　　　　　□
⑥構造使用材料は、設計図書の記述により評価されている。　YES　　NO　　YES　　NO
　　NOの場合は、満点もしくは耐力度簡略調査票付属説明書の表1
　　の推定値を採用している。

付　録

付1　公立学校施設費国庫負担金等に関する関係法令等の運用細目（抄）

平成 18 年 7 月 13 日 18 文科施第 188 号

（最終改正：令和 3 年 6 月 14 日 3 文科施第 88 号）

第 1　用語の意義

47　構造上危険な状態にある建物

　建物の骨組みが危険な状態にある建物をいう。この危険な状態の度合いは耐力度で表示し、この耐力度の測定は、建物の構造の種類の別及び建物の区分に従い、別表第 1、別表第 2、別表第 3 又は別表第 4 により構造耐力、健全度及び立地条件について行うものとする。

　ただし、耐力度調査票により耐力度を測定することができないとき又は適当でないと認められるときは、大学教授等の専門家の測定又は別に定める耐力度簡略調査票又は耐力度調査票（耐震診断未実施用）により、耐力度調査票に定める測定項目を当該建物の実態に即した適切な測定項目に置き換える等の方法で、構造耐力、健全度及び立地条件のそれぞれについて耐力度調査票に耐力度の測定を行うものとする。

　建物の耐力度を 10,000 点満点とし、木造の建物については耐力度おおむね 5,500 点以下、鉄筋コンクリート造、鉄骨造、補強コンクリートブロック造及びこれら以外の建物については耐力度おおむね 4,500 点以下になった建物が構造上危険な状態にある建物である。

　ただし、次のいずれかに該当する場合は、耐力度点数を 500 点緩和する。

⑴　特別支援学校の建物

⑵　豪雪地帯対策特別措置法（昭和 37 年法律第 73 号）第 15 条の規定の適用のある学校の建物（木造のみ）

⑶　台風常襲地帯における災害の防除に関する特別措置法（昭和 33 年法律第 72 号）第 3 条の規定に基づき指定された台風常襲地帯に所在する学校の建物（木造のみ）

⑷　その他当該学校の実情及びその環境、立地条件等からその改築が真にやむを得ないと認められる建物

付2　学校施設環境改善交付金交付要綱（抄）

平成 23 年 4 月 1 日 23 文科施第 3 号

（最終改正：令和 3 年 4 月 9 日 3 文科施第 20 号）

第1　通則

　義務教育諸学校等の施設費の国庫負担等に関する法律（昭和 33 年法律第 81 号。以下「法」という。）第 12 条第 1 項の規定に基づく交付金の交付に関しては、法、義務教育諸学校等の施設費の国庫負担等に関する法律施行規則（昭和 33 年文部省令第 21 号）、補助金等に係る予算の執行の適正化に関する法律（昭和 30 年法律第 179 号）及び補助金等に係る予算の執行の適正化に関する法律施行令（昭和 30 年政令第 255 号）その他関係法令等に定めるもののほか、この要綱に定めるところによる。

第2　定義

1　学校施設環境改善交付金

　地方公共団体が作成した法第 12 条第 2 項に規定する施設整備計画に基づく事業の実施に要する経費に充てるため、同条第 1 項の規定により国が交付する交付金をいう。

2　交付対象事業

　施設整備計画に基づき実施される別表 1 又は別表 2 に掲げる事業（他の法律又は予算制度に基づく国の負担又は補助を得て実施するものを除く。）をいう。

別表 1（本土に係るもの）

項	事業区分	対象となる経費	配分基礎額の算定方法	算定割合
1	構造上危険な状態にある建物の改築	義務教育諸学校（小学校、中学校、義務教育学校、中等教育学校の前期課程並びに特別支援学校の小学部及び中学部をいう。以下同じ。）の建物（校舎、屋内運動場及び寄宿舎をいう。以下同じ。）で構造上危険な状態にあるものの改築（買収その他これに準ずる方法による取得を含む。以下同じ。）に要する経費	ア　校舎又は屋内運動場の場合 校舎又は屋内運動場のそれぞれについて、次に掲げる面積のうちいずれか少ない面積から第二号に掲げる面積のうち危険でない部分の面積を控除して得た面積に 1 平方メートル当たりの建築の単価を乗じたものとする。 一　改築を行う年度の 5 月 1 日における当該学校の学級数に応ずる必要面積 二　改築を行う年度の 5 月 1 日における保有面積	1/3 ‥‥‥‥‥‥‥‥ （算定割合の特例） ア　離島振興法（昭和 28 年法律第 72 号。以下「離島法」という。）第 7 条の規定の適用のある義務教育諸学校の建物にあっては 5.5/10 イ　奄美群島振興開発特別措置法（昭和 29 年法律第 189 号。以下「奄美法」という。）第 6 条の規定の適用のある義務教育諸学校の建物にあっては 5.5/10 ウ　豪雪地帯対策特別措置法（昭和 37 年法律第 73 号。以下「豪雪法」という。）

イ　寄宿舎の場合

次に掲げる面積のうちいずれか少ない面積から第二号に掲げる面積のうち危険でない部分の面積を控除して得た面積に1平方メートル当たりの建築の単価を乗じたものとする。

一　児童又は生徒一人当たりの基準面積に改築を行う年度の5月1日における当該学校の児童又は生徒のうち当該改築後の寄宿舎に収容する児童又は生徒の数を乗じて得た面積

二　改築を行う年度の5月1日における保有面積

（算定方法の特例）

ウ　ア第二号に掲げる面積がア第一号に掲げる面積を超えるときで、かつ、次に掲げる特別の理由があるため、学級数に応ずる必要面積に基づく改築後の校舎又は屋内運動場が児童又は生徒の教育を行うのに著しく不適当であると認められるときは、同号に掲げる面積の0.2倍の面積以内において文部科学大臣が定める面積を加えた面積を、同号に掲げる面積とみなして算定するものとする。

一　学級数の増加が明らかなこと

二　文部科学大臣が特に認めた理由

エ　鉄筋コンクリート造以外の構造の建物に関しては、保有面積について、校舎又は寄宿舎の保有面積のうち鉄筋コンクリート造以外の構造に係る部分の面積について、これに1.02を乗じて行うものとする。

オ　鉄筋コンクリート造以外の構造の建物に関しては、

第15条の規定の適用のある小学校、中学校、義務教育学校及び中等教育学校の前期課程（以下「小学校等」という。）の分校の校舎及び屋内運動場にあっては5.5/10

エ　豪雪法第15条の規定の適用のある小学校等の寄宿舎にあっては5.5/10

オ　豪雪法第2条第2項の規定に基づく特別豪雪地帯に所在する小学校等の本校の校舎又は屋内運動場にあっては5.5/10

カ　成田国際空港周辺整備のための国の財政上の特別措置に関する法律（昭和45年法律第7号。以下「成田財特法」という。）第3条の規定の適用のある小学校、中学校及び義務教育学校の建物にあっては2/3

キ　地震防災対策強化地域における地震対策緊急整備事業に係る国の財政上の特別措置に関する法律（昭和55年法律第63号。以下「地震財特法」）第4条の適用のある小学校等の校舎にあっては1/2

ク　過疎地域の持続的発展の支援に関する特別措置法（令和3年法律第19号。以下「過疎法」という。）第2条の規定に基づく過疎地域に所在する小学校等の建物にあっては5.5/10、令和8年度までの間における特定市町村（過疎法附則第5条に規定する特定市町村をいう。以下同じ。）及び令和9年度までの間における特別特定市町村（同条に規定する特別特定市町村をいう。以下同じ。）に所在する小学校等の建物にあっては別記に定める算定割合、山村振興法（昭和40年法律第

			１平方メートル当たりの建築の単価に乗ずべき面積について、当該面積のうち鉄筋コンクリート造以外の構造の校舎又は寄宿舎に充てようとする部分の面積について、これを 1.02 で除して行うものとする。 カ　積雪寒冷地にある学校の学級数に応ずる必要面積については、運用細目に定めるところにより、当該学校の所在地の積雪寒冷地に応じ、必要な補正を加えるものとする。	64 号）第 7 条の規定に基づく振興山村（地方交付税法（昭和 25 年法律第 211 号）第 14 条の規定により算定した基準財政収入額を同法第 11 条の規定により算定した基準財政需要額で除して得た数値で補助年度前 3 箇年度内の各年度に係るものを合算したものの 3 分の 1 の数値（以下「財政力指数」という。）が 0.40 未満である市町村の区域内にあるものに限る。以下同じ。）に所在する小学校等の建物にあっては 5.5/10 ケ　原子力発電施設等立地地域の振興に関する特別措置法（平成 12 年法律第 148 号。以下「原発特措法」という。）第 7 条の規定の適用のある小学校等の建物にあっては 5.5/10 コ　駐留軍等の再編の円滑な実施に関する特別措置法（平成 19 年法律第 67 号。以下「駐留軍再編特別措置法」という。）第 11 条の規定の適用のある小学校等の建物にあっては 5.5/10	
2	長寿命化改良事業	小学校、中学校、義務教育学校、中等教育学校の前期課程、特別支援学校及び幼稚園の建物（幼稚園にあっては園舎。以下同じ。）で構造体の劣化対策を要する建築後 40 年以上経過したものの長寿命化改良に要する経費	文部科学大臣が必要と認める面積等に 1 平方メートル当たりの建築の単価等を乗じたものとする。	1/3	
		小学校、中学校、義務教育学校、中等教育学校の前期課程、特別支援学校及び幼稚園の建物で建築後 20 年以上であるものの長寿命化を図るための予防的な改修に要する経費	文部科学大臣が必要と認める額とする。	1/3	

別表2（沖縄に係るもの）

項	事業区分	対象となる経費	配分基礎額の算定方法	算定割合
1	構造上危険な状態にある建物の改築	小学校、中学校及び義務教育学校の建物で構造上危険な状態にあるもののうち、建築後35年未満のもの（ただし、同一の学校において、建築後35年未満の建物と建築後35年以上の建物の改築を同時に行う場合には、建築後35年以上の建物も含む。）の改築に要する経費	ア　校舎又は屋内運動場の場合 校舎又は屋内運動場のそれぞれについて、次に掲げる面積のうちいずれか少ない面積から第二号に掲げる面積のうち危険でない部分の面積を控除して得た面積に1平方メートル当たりの建築の単価を乗じたものとする。 　一　改築を行う年度の5月1日における当該学校の学級数に応ずる必要面積 　二　改築を行う年度の5月1日における保有面積 イ　寄宿舎の場合 次に掲げる面積のうちいずれか少ない面積から第二号に掲げる面積のうち危険でない部分の面積を控除して得た面積に1平方メートル当たりの建築の単価を乗じたものとする。 　一　児童又は生徒一人当たりの基準面積に改築を行う年度の5月1日における当該学校の児童又は生徒のうち当該改築後の寄宿舎に収容する児童又は生徒の数を乗じて得た面積 　二　改築を行う年度の5月1日における保有面積 （算定方法の特例） ウ　ア第二号に掲げる面積がア第一号に掲げる面積を超えるときで、かつ、次に掲げる特別の理由があるため、学級数に応ずる必要面積に基づく改築後の校舎又は屋内運動場が児童又は生徒の教育を行うのに著しく	7.5/10

不適当であると認められる
ときは、同号に掲げる面積
の 0.2 倍の面積以内におい
て文部科学大臣が定める面
積を加えた面積を、同号に
掲げる面積とみなして算定
するものとする。

一　学級数の増加が明らか
　　なこと

二　文部科学大臣が特に認
　　めた理由

エ　鉄筋コンクリート造以外
　　の構造の建物に関しては、
　　保有面積について、校舎又
　　は寄宿舎の保有面積のうち
　　鉄筋コンクリート造以外の
　　構造に係る部分の面積につ
　　いて、これに 1.02 を乗じ
　　て行うものとする。

オ　鉄筋コンクリート造以
　　外の構造の建物に関して
　　は、1 平方メートル当たり
　　の建築の単価に乗ずべき面
　　積について、当該面積のう
　　ち鉄筋コンクリート造以外
　　の構造の校舎又は寄宿舎に
　　充てようとする部分の面積
　　について、これを 1.02 で
　　除して行うものとする。

付3　建築基準法施行令に基づく Z の数値、Rt 及び Ai を算出する方法並びに地盤が著しく軟弱な区域として特定行政庁が指定する基準（抄）

昭和 55 年 11 月 27 日建設省告示第 1793 号

（最終改正：平成 19 年 5 月 18 日国土交通省告示第 597 号）

第1　Z の数値

Z は、次の表の上欄に掲げる地方の区分に応じ、同表下欄に掲げる数値とする。

	地方	数値
(1)	(2) から (4) までに掲げる地方以外の地方	1.0
(2)	北海道のうち 　札幌市　函館市　小樽市　室蘭市　北見市　夕張市　岩見沢市　網走市　苫小牧市　美唄市　芦別市　江別市　赤平市　三笠市　千歳市　滝川市　砂川市　歌志内市　深川市　富良野市　登別市　恵庭市　伊達市　札幌郡　石狩郡　厚田郡　浜益郡　松前郡　上磯郡　亀田郡　茅部郡　山越郡　檜山郡　爾志郡　久遠郡　奥尻郡　瀬棚郡　島牧郡　寿都郡　磯谷郡　虻田郡　岩内郡　古宇郡　積丹郡　古平郡　余市郡　空知郡　夕張郡　樺戸郡　雨竜郡　上川郡（上川支庁）のうち東神楽町、上川町、東川町及び美瑛町　勇払郡　網走郡　斜里郡　常呂郡　有珠郡　白老郡 青森県のうち 　青森市　弘前市　黒石市　五所川原市　むつ市　東津軽郡　西津軽郡　中津軽郡　南津軽郡　北津軽郡　下北郡 秋田県 山形県 福島県のうち 　会津若松市　郡山市　白河市　須賀川市　喜多方市　岩瀬郡　南会津郡　北会津郡　耶麻郡　河沼郡　大沼郡　西白河郡 新潟県 富山県のうち 　魚津市　滑川市　黒部市　下新川郡 石川県のうち 　輪島市　珠洲市　鳳至郡　珠洲郡 鳥取県のうち 　米子市　倉吉市　境港市　東伯郡　西伯郡　日野郡 島根県 岡山県 広島県 徳島県のうち 　美馬郡　三好郡 香川県のうち 　高松市　丸亀市　坂出市　善通寺市　観音寺市　小豆郡　香川郡　綾歌郡　仲多度郡　三豊郡 愛媛県 高知県 熊本県（(3) に掲げる市及び郡を除く。） 大分県（(3) に掲げる市及び郡を除く。） 宮崎県	0.9

| (3) | 北海道のうち
　旭川市　留萌市　稚内市　紋別市　士別市　名寄市　上川郡（上川支庁）のうち鷹栖町、当麻町、比布町、愛別町、和寒町、剣淵町、朝日町、風連町及び下川町　中川郡（上川支庁）増毛郡留萌郡　苫前郡　天塩郡　宗谷郡　枝幸郡　礼文郡　利尻郡　紋別郡
山口県
福岡県
佐賀県
長崎県
熊本県のうち
　八代市　荒尾市　水俣市　玉名市　本渡市　山鹿市　牛深市　宇土市　飽託郡　宇土郡　玉名郡　鹿本郡　葦北郡　天草郡
大分県のうち
　中津市　日田市　豊後高田市　杵築市　宇佐市　西国東郡　東国東郡　速見郡　下毛郡　宇佐郡
鹿児島県（名瀬市及び大島郡を除く。） | 0.8 |
| (4) | 沖縄県 | 0.7 |

付4　義務教育諸学校等の施設費の国庫負担等に関する法律（抄）

昭和 33 年 4 月 25 日法律第 81 号

（最終改正：平成 27 年 7 月 8 日号外法律第 52 号）

（目的）

第1条　この法律は、公立の義務教育諸学校等の施設の整備を促進するため、公立の義務教育諸学校の建物の建築に要する経費について国がその一部を負担することを定めるとともに、文部科学大臣による施設整備基本方針の策定及び地方公共団体による施設整備計画に基づく事業に充てるための交付金の交付等について定め、もつて義務教育諸学校等における教育の円滑な実施を確保することを目的とする。

（交付金の交付等）

第12条　国は、地方公共団体に対し、公立の義務教育諸学校等施設に係る改築等事業の実施に要する経費に充てるため、その整備の状況その他の事項を勘案して文部科学省令で定めるところにより、予算の範囲内で、交付金を交付することができる。

2　地方公共団体は、前項の交付金の交付を受けようとするときは、施設整備基本計画に即して、当該地方公共団体が設置する義務教育諸学校等施設の整備に関する施設整備計画を作成しなければならない。

3　施設整備計画においては、次に掲げる事項を記載しなければならない。

　一　施設整備計画の目標

　二　前号の目標を達成するために必要な改築等事業に関する事項

　三　計画期間

　四　その他文部科学省令で定める事項

4　地方公共団体は、施設整備計画を作成し、又はこれを変更したときは、遅滞なく、これを公表するとともに、文部科学大臣（市町村（特別区を含む。以下この項において同じ。）にあつては、当該市町村の属する都道府県の教育委員会を経由して文部科学大臣）に提出しなければならない。

付5　義務教育諸学校等の施設費の国庫負担等に関する法律施行令（抄）

昭和33年6月27日政令第189号

（最終改正：平成30年3月22日号外政令第52号）

（学級数に応ずる必要面積）

第7条

5　法第6条第1項後段の規定に基づき当該学校の所在地の積雪寒冷度に応じて行うべき補正は、一級積雪寒冷地域又は二級積雪寒冷地域にある学校の校舎又は屋内運動場について、文部科学大臣が財務大臣と協議して定める面積を加えて行うものとする。

付6　義務教育諸学校等の施設費の国庫負担等に関する法律施行規則（抄）

昭和33年8月8日政令第21号

（最終改正：令和3年6月14日号外政令第33号）

（交付金の交付等）

第7条　法第12条第1項の交付金（次項及び次条において単に「交付金」という。）の交付の対象となる施設は、公立の義務教育諸学校等施設（法第11条第1項に規定する義務教育諸学校等施設をいう。以下同じ。）とする。ただし、高等学校等（同項に規定する高等学校等をいう。）の施設については、特別支援学校の高等部の施設、奄美群島（奄美群島振興開発特別措置法（昭和29年法律第189号）第1条に規定する奄美群島をいう。）及び沖縄県に所在する施設、産業教育振興法（昭和26年法律第228号）第2条に規定する産業教育のための施設その他文部科学大臣が必要と認める施設に限るものとする。

2　交付金は、施設整備計画（法第12条第2項に規定する施設整備計画をいう。以下この条及び次条において同じ。）に記載された事業のうち交付金の算定の対象となる事業（以下この項において「交付対象事業」という。）について次の各号に掲げる額のうちいずれか少ない額を合計した額を基礎として、予算の範囲内で交付する。

一　交付対象事業ごとに文部科学大臣が定める配分基礎額に当該事業ごとに文部科学大臣が定める割合を乗じて得た額

二　交付対象事業に要する経費の額に当該事業ごとに文部科学大臣が定める割合を乗じて得た額

3　法第12条第3項第4号の文部科学省令で定める事項は、次に掲げる事項とする。

一　施設整備計画の名称

二　施設整備計画の目標の達成状況に係る評価に関する事項その他文部科学大臣が必要と認める事項

サービス・インフォメーション

────────────────── 通話無料 ──────────────────

①商品に関するご照会・お申込みのご依頼
　　　　　　　　TEL 0120 (203) 694／FAX 0120 (302) 640

②ご住所・ご名義等各種変更のご連絡
　　　　　　　　TEL 0120 (203) 696／FAX 0120 (202) 974

③請求・お支払いに関するご照会・ご要望
　　　　　　　　TEL 0120 (203) 695／FAX 0120 (202) 973

●フリーダイヤル（TEL）の受付時間は、土・日・祝日を除く
　9：00〜17：30です。
●FAXは24時間受け付けておりますので、あわせてご利用ください。

既存（鉄筋コンクリート造・鉄骨造・木造・補強コンクリートブロック造）学校建物の耐力度測定方法〈第二次改訂版〉

1983年9月30日　初版発行
2001年7月30日　改訂版発行
2018年5月20日　第二次改訂版発行
2022年1月25日　第二次改訂版第2刷発行

編　集　既存鉄筋コンクリート造・鉄骨造・木造・

　　　　補強コンクリートブロック造

　　　　学校建物の耐力度測定方法編集委員会

発行者　田　中　英　弥

発行所　第一法規株式会社
　　　　〒107-8560　東京都港区南青山2-11-17
　　　　ホームページ　https://www.daiichihoki.co.jp/

（鉄筋コンクリート造・鉄骨造・木造・補強コンクリートブロック造
セット・分売不可）

学校耐力二改　ISBN978-4-474-06350-1　C2037　（3）